La mente
y sus cicatrices

PABLO DE LORENZO

La mente y sus cicatrices

Cómo el trauma moldea quién eres y cómo miras el mundo

EDICIONES OBELISCO

Si este libro le ha interesado y desea que le mantengamos informado de nuestras publicaciones, escríbanos indicándonos qué temas son de su interés y gustosamente le complaceremos.

Puede consultar nuestro catálogo en www.edicionesobelisco.com

Colección Nueva conciencia
La mente y sus cicatrices
Pablo de Lorenzo

1.ª edición: marzo de 2026

Maquetación: *Marga Benavides*
Corrección: *M.ª Jesús Rodríguez*
Diseño de cubierta: *Enrique Iborra*
Transcriptora de las entrevistas: *Idoia Román Bañares*

Edita: Ediciones Obelisco, S. L.
Collita, 23-25 Pol. Ind. Molí de la Bastida
08191 Rubí - Barcelona - España
Tel. 93 309 85 25
E-mail: info@edicionesobelisco.com

ISBN: 978-84-1172-356-5
DL B 1336-2026

Impreso en SAGRAFIC
Passatge Carsí, 6 - 08025 Barcelona

Printed in Spain

Agradecimientos

Dedicado a todos mis oyentes y lectores.
Y en memoria de M.ª Carmen Bermejo Mújica.

Prólogo

(Por Manuel Hernánez Pacheco)

Cuentan que, al principio de los tiempos, la transmisión del conocimiento era oral. Los aedos memorizaban cuentos y relatos que se transmitían de generación en generación. Posteriormente, los rapsodas plasmaron por escrito esos textos que memorizaban, lo que permitió que su transmisión fuera más sencilla. Dicen que Homero fue uno de estos rapsodas, quien reflejó en papel las historias de hombres y dioses que determinaban el destino de ambos.

Con el paso del tiempo, la tradición escrita se volvió más compleja: primero con la invención de la imprenta y, en estos años, con la aparición de las redes sociales y la transmisión más visual y la creación de la inteligencia artificial, que busca el conocimiento en algo analítico, no humano. Esto ha hecho que la transmisión oral quede cada vez más aislada y olvidada.

Pablo ha realizado el viaje inverso: ha recuperado la palabra y la oralidad en sus «podcasts» para crear un diálogo en el que se reivindica lo oral como fuente del conocimiento y –diría más– de la sacudida ancestral de lo hablado, de lo dialogado, de lo construido entre dos personas que conversan sobre lo divino y lo humano. Y si bien en la *Ilíada* y la *Odisea* lo divino se manifestaba a través de dioses que explicaban los pesares, los miedos o las ambiciones de sus protagonistas, en estos «podcasts» toman su lugar otros dioses más modernos que son los traumas, la ansiedad o el apego.

En un giro drástico del destino –o de las musas–, todo ese contenido oral ha mutado de nuevo en algo escrito: este libro que ahora tienes ante tus ojos (ya no podemos decir «sólo» entre tus manos). Son seis episodios, de los cuales tengo el honor de ser autor invitado en uno –y también víctima– de la agudeza de sus preguntas y de la obligación de reflexionar en ese juego de espejos que es el diálogo reflexivo, tan familiar para mí por la terapia y tan palpable en los «podcasts», ahora convertidos en capítulos de este libro.

No quiero abusar de tu paciencia, lector, que ya estarás impaciente por sumergirte en las palabras de estos capítulos e imaginar las voces de sus oradores. Sin mencionar los temas apasionantes que aquí encontrarás, como son:

- «Los primeros auxilios psicológicos en catástrofes y emergencias», por Begoña Dean tan importante para entender el trauma y su reparación.
- «Cómo funciona nuestra mente en situaciones de guerra y peligro», con un historiador magistral como Andoni Román.
- «La huida de nosotros mismos a través de las drogas», con las experiencias del psiquiatra Carlos Caso, curtido en mil batallas contra el trauma y las adicciones.

- Mi humilde colaboración, hablando de ese «hijo intelectual» que he parido –como Zeus a Atenea– desde los dolores de mi mente: el «modelo Parcuve».
- Y, finalmente, «Pepa Horno», quien, al igual que los antiguos oradores griegos, usa la metáfora como herramienta para explicar la realidad.

Disfruta de lo visual y lo escrito; después, escucha los «podcasts» y dale voz –que es lo que nos hace humanos– a lo leído. Ahora, toca sumergirte en los laberintos de las cicatrices de la mente.

Introducción a la obra

Ante tí tienes una compilación de algunos de los más apasionantes episodios y entrevistas realizados en el programa de podcast «La mente y sus cicatrices». Aparte de los episodios convertidos a un lenguaje más asequible al texto, los episodios serán comentados y complementados según convenga al episodio y lo que pueda considerarse que enriquezca la comprensión de la temática.

El programa «La mente y sus cicatrices» nació del deseo de transmitir el conocimiento sobre diferentes áreas de la psicología que estaba viendo en consulta y me parecía de gran interés comunicar. Aunque algunos de los episodios han sido en forma de monólogo, la gran mayoría han consistido en entrevistas a grandes mentes expertas en diferentes materias. De la primera a la última no ha habido una entrevista igual, y cada uno puede elegir cuáles le gustan más. Toda colaboración ha tenido un peso sin igual en el global del contenido, y estoy profúndamente agradecido a todos y cada uno de los colaboradores y colaboradoras que han prestado su granito de arena.

Los temas que se han abarcado en el programa en esta primera temporada han sido variados, pero con un centro sobre el que los episodios orbitan, los cuales son ciertas partes más oscuras de la mente humana. Hablamos de trauma, adicciones, fenómenos sociales anormales, procesos como la culpa y la vergüenza patológicas, así como un gran énfasis en la comprensión y la prevención de las relaciones que contemporáneamente referimos como «tóxicas».

Es este libro trataremos de explicar profundos temas que tocan el trauma, el dolor y la recuperación. Algunos de los episodios serán presentados en formato entrevista a modo de conversación, tal como sucede en el programa. En otros, se hará una exposición en solitario más estilo monólogo sobre el tema que se trate.

Recomendamos la lectura secuencial de los capítulos, ya que el orden está pensado para tener una coherencia interna y cierta relación de unos capítulos con otros. Aunque también se pueden leer los episodios de forma anárquica, ya que son autoconclusivos y, si la prioridad de la persona está en leer las temáticas relacionadas con el apego o las drogas, puede empezar directamente por ahí. Hay muchas maneras de abordar este libro.

Os deseamos una buena lectura, que podáis disfrutar a la vez que obtenéis conocimientos de teoría y curiosidades que os pueden resultar muy interesantes.

Capítulo 1

El trauma como unas gafas que condicionan nuestra percepción del mundo

Pablo de Lorenzo (Vitoria-Gasteiz, 1989) es Psicólogo experto en casos de trauma complejo y víctimas de todo tipo de experiencias traumáticas. Compagina su labor con la dirección y locución del podcast «La mente y sus cicatrices», finalista en categoría Mente y Psicología, en los Premios iVoox 2025, también comenzado con la divulgación escrita con ensayos como «El trauma como mentira aprendida: Cómo reescribir la historia que el dolor te hizo creer», y el libro *Los malos viajes: Los infiernos de la química*.

Introducción al episodio

Éste es el episodio originario del programa de podcast. En este profundo episodio hacemos una introducción al mundo del trauma, enfatizando el origen y sentido del trauma complejo. Analizaremos y daremos sentido a paradojas mentales aparentemente sin coherencia, pero desde el prisma adecuado, todo conecta y tiene sentido, desde la patología más sencilla hasta las conductas más autodestructivas y autohumillantes.

La visión del mundo es construida por las vivencias y por el trato que el mundo y las figuras de vínculo nos dicen de nosotros mismos. Procedamos a entender cómo se crean esas gafas distorsionadas que hace que las víctimas de trauma se vean de una manera dura e injusta, aunque en lo más profundo de ese trato hacia uno mismo, se pretenda obtener la validez que sienten no poseer.

Episiodio:

En este capítulo y a modo de introducción abordaremos las consecuencias que tiene el trauma relacional en la forma de percibirse a uno mismo y de interactuar con los demás que tienen las personas según el tipo de vinculación que han recibido por parte de sus figuras de crianza.

Aunque parezca algo manido, la vinculación, el apego y la forma en la que aprendemos a relacionarnos con los demás cuando somos pequeños son algo vital.

Por un lado, si un niño recibe una buena crianza en la que se siente amado incondicionalmente, se le acepta tal y como es y se le enseña a manejar sus emociones, éste desarrollará una autorregulación adecuada y una buena forma de autoafecto, es decir, podrá autorregularse emocionalmente. Aunque no lo parezca, este tipo de vinculación funcionará a modo de vacuna para toda la vida; la persona que tiene este tipo de vinculación va a tener mucha menos propensión a desarrollar patologías psicológicas, una menor capacidad para ser victimizada, etc.

Por otro lado, una crianza hostil y agresiva puede provocar una gran cantidad de traumas con unos síntomas exagerados y con posibilidad de generar trastornos de personalidad, como el trastorno límite de la personalidad.

Además, cuando una crianza falla de alguna manera, o bien hay un cierto abandono y no se cubren las necesidades vitales del niño, como el afecto o la atención, el niño no va a desarrollar una buena autorregulación, y tampoco tendrá una gran capacidad para poder regularse a nivel emocional. Generalmente, este tipo de personas desarrollan un apego ansioso, en el que la persona utiliza a los demás como un espejo en el que ve reflejada su valía, ya que no tiene interiorizado el sentimiento de que vale por sí misma, por lo que es. Habría una alta vulnerabilidad a ciertos *hackeos* sobre lo que la persona se considera a sí misma. Esta creencia base según la cual hay una falta de merecimiento de cariño y amor genera un gran miedo de fondo a no ser suficiente y provoca mucha angustia, tanto cuando somos niños como cuando llegamos a la adultez. Cuando la persona conecta con ese miedo de volver a sentirse poco valiosa o «no querible», puede que no pueda expresarlo racionalmente, pero algo se habrá activado emocionalmente. De hecho, los niños tienen ciertas reacciones aprendidas para poder compensar ese miedo a ser de nuevo «abandonables» o «no queribles».

Por un lado, tendríamos la reacción de lucha. En esta reacción, la persona, el niño, va a tener actitudes de agresividad y de control, sobre todo para evitar que ese abandono se haga real.

Por otro lado, tendríamos la reacción de huida, que más bien se podría entender como una huida hacia delante: si la persona ha interiorizado que es buena sólo por lo que hace, y no por lo que es en sí misma, se esforzará siempre al máximo en todo y tratará de ser la mejor estudiante, atleta… para poder demostrar así que es suficiente, que es valiosa. Detrás de esto existe un miedo profundo a un vacío, a no ser «querible».

Otra de las reacciones sería la parálisis, la huida de ese dolor que genera el sentirse «abandonable». Difiere un poco de las anteriores en que ésta lo que busca es anestesiar a la persona y escapar de ese dolor. Aquí entrarían, por ejemplo, las drogas y los episodios disociativos.

En cuarto lugar encontramos la estrategia de adulación. Ésta es francamente útil cuando el niño es pequeño, pero es muy destructiva en la adultez. Esta estrategia defensiva se basa en que, si la persona se adapta a los demás, si no pone objeciones y si es lo que los demás esperan que sea y les agrada, las posibilidades de que la abandonen o la rechacen se reducen. Recordemos que partimos de la base de que el individuo siente que hay algo malo en él y conecta con esa sensación, que genera mucho malestar; como consecuencia, el individuo actuará, casi sin darse cuenta, de una forma sumisa, buscando agradar a los demás constantemente.

Estas estrategias pudieron ayudar en la infancia de alguna manera, pero cuando nos vamos haciendo adultos son, probablemente, más desadaptativas de lo que nos gustaría.

La persona o el niño va a buscar no volver a sentir esa falta de cariño y de validez. Como hemos dicho antes, la siente de fondo, pero no la puede justificar racionalmente.

También va a aparecer cierta vergüenza tóxica hacia uno mismo, así como un crítico interno, que será clave para que podamos entender el motivo de que nos exijamos tanto durante el resto de nuestra vida, cuando ya somos adultos. ¿Cómo podemos entender por qué la persona se exige tanto, se habla a sí misma con dureza, recriminándose todo lo que supuestamente hace mal y no es perfecta? El crítico interno es una herramienta que aparece en el propio cuerpo para defenderse de volver a hacer las cosas mal. Cuanto más daño ha habido, más autónomo se convierte este crítico y más daño nos puede hacer, pero debemos entender que está ahí para intentar ayudarnos a no volver a sufrir. Sin embargo, paradójicamente, nos genera mucho sufrimiento.

¿Cómo ocurre todo esto? Por un lado, tenemos que entender que la vinculación con las figuras de afecto en la infancia condiciona la manera en la que nos vamos a tratar a nosotros mismos. Si a un niño lo tratan con indiferencia, de adulto se tratará a sí mismo de la misma forma, y sentirá que no es suficientemente valioso. Esta percepción del amor propio perturbada y alterada en comparación con la realidad aparece debido a la disonancia cognitiva que hay entre las figuras a las que tenemos idealizadas, que son nuestros padres, por ejemplo, y el trato que nos dan.

Para entenderlo mejor, vamos a analizar cómo sería esa crianza en la que el niño interioriza patrones y creencias positivas sobre sí mismo. Los padres, idealizados como figuras presentes que ofrecen un amor incondicional, a nivel de conducta quieren al niño, lo apoyan y le hacen sentir valioso y, por ello, su percepción de sí mismo se configurará de manera que se sienta valioso y crea que merece ese amor.

Sin embargo, en los casos que nos ocupan, encontraríamos que las figuras tanto paterna como materna se siguen percibiendo idealizadas y son necesarias para la supervivencia del niño, pero en lo que respecta al comportamiento y al cariño hay fallas; tienen conductas de abandono, de dejadez, de culpabilización o de malos tratos, por decirlo de alguna manera. Esta incongruencia entre tener a unos padres idealizados y un comportamiento que no cuadra con esa idea de perfección, de protección y de que son unas personas maravillosas y una base segura genera en la mente del niño lo que Festinger denominó «disonancia cognitiva». ¿Qué quiere decir esto? La percepción de los padres como figuras maravillosas no cuadra mucho con un comportamiento de abandono y maltrato. Por tanto, para que puedan coexistir ambos conceptos o hechos, la mente va a formar unas creencias sustitutivas o que puedan justificar que existan ambas cosas. Cuanto más se profundice en esos comportamientos, más internalizará nuestra mente la culpa. Tengamos en cuenta también que la evolución hace que seamos muy proclives a internalizar la culpa y a crear ese autoconcepto negativo cuando somos pequeños, porque las figuras de vinculación están prácticamente blindadas; nuestra mente no va a querer «desidealizarlas» y va a ser mucho más fácil que esa disonancia se rompa, haciendo que el niño piense que es merecedor de ese castigo o de ese trato. Pensará que, si sus padres son maravillosos, pero le tratan muy mal, algo tiene que haber en él que le haga merecedor de ello. Eso, con el paso del tiempo y debido a la repetición, se va a acabar afianzando y va a acabar creando una sensación de fondo que no querrá repetir ni volver a sentir. Ésta suele ser la base de muchos trastornos que se desarrollan en la adultez.

Con todo esto en la niñez, cuando una persona victimizada se hace adulta es altamente «revictimizable», debido a que siente como real esa falta de valor propio. La persona no tiene una base de aceptación incondicional de sí misma y, si le trataron mal en el pasado, siempre que no se pase de un umbral de agresividad, va a tender a confundir castigo con maltrato. Es decir, en la adultez, cuando alguien le empiece a tratar de una manera exigente, culpabilizadora y negativa, estas personas que ya han interiorizado que no son suficientemente buenas o que hay algo malo en ellas sentirán que están decepcionando a la persona que les está «metiendo caña», por así decirlo. Por lo tanto, en muchos casos no se defenderán y, lo que ocurrirá, es que sentirán que la persona que les está atacando está viendo eso mismo que vieron sus figuras de vinculación al rechazarle; sentirá que está decepcionando a esa persona y se sentirá culpable. Sin embargo, en vez de defenderse, actuará con sumisión o con miedo, ya que, como ya hemos dicho, ya ha interiorizado esa falta de valía y confundirá castigo con maltrato. Sentirá un miedo profundo a que vuelvan a castigarle, y eso le llevará a empequeñecerse y a que baje mucho el perfil, sin defenderse ante esa persona que, de algún modo, intuye como más justa o más valiosa por tener más carisma o más dureza. En consecuencia, tratará de mostrar a esa persona que es buena, que es valiosa y que quiere agradarle. Esto va a llevar a que la persona que está atacándole y abusando emocionalmente de ella tenga vía libre absoluta para seguir fastidiándole, abusando emocionalmente… Y, cuanto más lo haga, más sentirá que algo tiene que haber mal ella para que, a pesar de todo el empeño que pone en agradarle, no sea suficiente. Volverá a sentir que es una decepción y el trauma aumentará. La mochila se irá llenando cada vez más. Así se cierra el círculo cuando somos adultos: nos atacan, esto nos conecta con nuestras creencias negativas y sentimos que, de alguna manera, lo hacen porque les decepcionamos, nos retraumatizamos y, aun así, se confirma nuestra falta de valor.

A todo esto tenemos que sumarle también la indefensión aprendida. Ésta aparece cuando hemos repetido diferentes tipos de respuestas ante situaciones de maltrato y ninguna ha tenido el efecto que queríamos. Cuando una persona ha intentado defenderse muchas veces de múltiples maneras y no ha habido una aceptación ni ha conseguido que la tomen en serio, llegará un punto en el que aceptará que no hay nada más que pueda hacer. Esta persona con esa visión negativa de sí misma interiorizada tenderá incluso a evitar las situaciones en las que se vea expuesta o en las que se pueda sentir «rechazable». A pesar de todo, tenemos que entender que esta persona puede razonar. Sabe que no es mala y que no ha hecho nada malo, pero no se trata de lo que sabe racionalmente, sino que es una sensación interiorizada, como si se tratara de unas gafas con las que ve el mundo. Su organismo va a generar ansiedad, miedos y otro tipo de reacciones para protegerla de volver a vivir esa sensación de abandono y de falta de valía. Sin embargo, cuanto más entre en el bucle y se deje llevar por esa falsa realidad de falta de valía, más aumentará la sensación de que no vale.

El estrés postraumático como trastorno se ha conceptualizado en el cine. Seguramente todos conocemos o intuimos en qué puede consistir un cuadro de estrés postraumático, pero vamos a tratar de explicarlo mejor.

En primer lugar, tendríamos que diferenciar entre dos tipos de cuadro postraumático: el caso de estrés postraumático simple, en el que hay un evento estresor traumático muy potente, y el trauma complejo. En este último hay multitud de estresores de baja intensidad, sobre todo a nivel relacional, que se van repitiendo constantemente y que acaban minando la autoestima y provocan síntomas muy parecidos a los del trauma simple.

No obstante, que sea simple no significa que sea menos dañino, ni mucho menos, pero la gran diferencia consiste en que el trauma complejo suele afectar en mayor medida a las creencias sobre uno mismo y a la capacidad que la persona tiene para relacionarse con los demás.

Pero, ¿qué es el trastorno de estrés postraumático? Podemos decir que es la ampolla que aparece después de la quemadura, es decir, es una consecuencia normal tras uno o varios eventos traumáticos. Nuestra mente pierde la convicción de que el mundo es un lugar seguro. Puede afectar a diferentes planos de nuestras creencias, por ejemplo, a la forma en la que vemos a los demás, la forma en la que vemos el mundo o la manera en la que nos percibimos a nosotros mismos. En el DSM V vamos a encontrar varios puntos nucleares que tienen que darse para que se pueda diagnosticar este trastorno, ya sea en su forma simple o en la compleja.

El primero de ellos es la intrusión. Aparecerán recuerdos invasivos del evento ocurrido; aparecerán *flashbacks*, que son reminiscencias de lo que se ha vivido. Se dan en el presente, son muy invasivos y nos hacen revivir el acontecimiento emocionalmente.

Otro de los patrones nucleares que suelen tener lugar es la evitación. Nos duele recordar lo que nos ha hecho mucho daño, pero las creencias desagradables se activan cuando algo nos recuerda lo que hemos vivido o cuando lo recordamos nosotros mismos. La evitación nos aleja de volver a sufrir ese daño.

El estrés postraumático, además, provoca que nuestra mente almacene todo lo relacionado con la vivencia en bloque. Si un individuo tuvo un accidente de tráfico y en aquel momento tuvo una gran activación emocional y lo pasó muy mal, probablemente, incluso cuando escuche una ambulancia pasar después de haberse recuperado, su corazón se acelere, su cuerpo se agite y se vuelva a encontrar con miedo y ansiedad.

Esto, aunque no lo parezca, nos era útil para evitar volver a acercarnos a aquello que nos hizo daño, pero que no sentíamos como peligroso antes del suceso.

Por otro lado, también como afección nuclear del estrés postraumático, tendríamos las alteraciones cognitivas y del estado de ánimo. Cambian nuestras creencias de seguridad y nuestro estado de ánimo, nos quedamos embotados emocionalmente, dejamos de disfrutar de las cosas y no nos encontramos bien.

Muy importantes también como criterios nucleares son las alteraciones de la alerta y la reactividad. Nuestra mente nos va a dejar en hipervigilancia, provocando que estemos constantemente alerta del entorno, precisamente porque hemos perdido la seguridad en él. Aunque intentemos relajarnos, nos va a costar mucho. No nos vamos a poder concentrar, y olvidémonos también de dormir a gusto. Es decir, nuestra mente no nos va a permitir bajar la guardia.

Todo esto va acompañado, además, de un importante deterioro en el funcionamiento, así como de elementos de disociación.

Estos síntomas tienen que tener una duración mínima de un mes para que podamos diagnosticar un cuadro de estrés postraumático. Sin el tratamiento adecuado, las consecuencias del cuadro postraumático, ya sea simple o complejo, pueden acabar cronificándose, generando una forma de ver el mundo totalmente distinta a la anterior a los acontecimientos. En este caso, diríamos que una persona que ha sufrido múltiples eventos traumáticos en la infancia ya ha internalizado todas esas creencias negativas que le hacen adaptarse a ese mundo peligroso en el que, según siente, se ha merecido lo que ha sufrido.

Otro punto que podemos abordar es el porqué de tanta adicción en personas traumatizadas. Las drogas son un recurso que distrae de las emociones desagradables, de los *flashbacks* y de la sensación de vacío que pueden tener estas personas y que sienten de forma constante, y son «útiles» (aunque dañinas y contraproducentes) en ese sentido para aquellos que se ven activados por muchos estímulos que normalmente no nos afectarían. De hecho, todo aquello que provoque una rápida desconexión de las emociones y del malestar tiene un potencial adictivo. Paradójicamente, encontramos nuestro destino en los caminos que tomamos para evitarlo. Esta frase viene a colación con este caso porque muchas veces podemos ver que la gente que, por ejemplo, toma alcohol para huir de la soledad, acaba aislándose por completo, en una soledad mayor que la anterior a empezar a consumir de forma frecuente. La gente que desarrolla la paranoia y la agresividad como una forma de defenderse de la hostilidad de los demás, por tanto, acaba quedándose más sola que antes.

Entender la narrativa de la persona desde la comprensión profunda de uno mismo y desde la compasión y no desde el crítico cruel que se pueda haber desarrollado en personas con cuadros de trauma complejo es vital para poder realizar un tratamiento y que se puedan recuperar, porque el individuo, generalmente, no tiende a drogarse por vicio, sino que tiende a intentar mitigar esas secuelas y ese malestar emocional que siente constantemente. Suele recurrir a esto cuando no encuentra métodos que, o bien le funcionen, o bien sean tan rápidos.

Debemos evitar la tendencia a sobreexigirnos, ya que esto nos conduce a un mayor sufrimiento sin entender el motivo y sin empatizar con nosotros mismos. Muchos de los actos que se cometen y no se entienden (como explosiones de ira, celos, inseguridades...), si se perciben desde ese crítico interno cruel, despiadado y perfeccionista, nos van a hacer sentir mucho peor, cuando realmente lo que hay detrás es probablemente una activación de esa herida que hace que nos sintamos poco valiosos.

Podríamos seguir hablando sobre trauma, y hablaremos de ello en futuros capítulos, pero éste sólo ha sido un pequeño acercamiento a este complejo tema.

¿El trauma complejo sentencia la vida?

Puede parecer algo insuperable para las personas que lo viven, sobre todo aquellas que aquejan de múltiples maltratos relacionales que generan trauma complejo. Estas personas pueden aprender a valorarse y quererse como hubiesen necesitado que las tratasen, además de aprender a autorregularse.

Aunque todo puede requerir un esfuerzo, ya que no hay una pastilla mágica que repare todo un sistema interno y de reactividad que no se conformó de forma correcta desde la más tierna infancia. Lo que sí que podemos hacer es realizar psicoterapias que tienen una efectividad muy importante de cara a resolver estos traumas. La medicación puede ayudar, pero es primordial y muy importante que la persona obtenga un conocimiento profundo y justo sobre su propia historia vivida, que pueda entender que no fue merecedora de ciertos tratos, y que errores que haya podido cometer en su vida tienen una explicación cuando se comprenden bajo un prisma de una huida del sufrimiento.

En cuanto al trauma simple (el derivado de eventos muy graves pero puntuales), tenemos la suerte de contar con una serie de protocolos y primeros auxilios psicológicos para evitar y minimizar al máximo la posibilidad de la aparición de un trastorno de estrés postraumático posterior. En el siguiente capítulo analizamos en una entrevista con Begoña Dean estos primeros auxilios psicológicos que son muy útiles de conocer, pero que en muy pocos sitios nos enseñan.

Capítulo 2

En estado de *shock*. Primeros auxilios psicológicos en emergencias y catástrofes. Con la psicóloga Begoña Dean

Es Licenciada en Psicología (especialidad Clínica) por la Universidad de Deusto, Bilbao, formada en Estrés, neurodegeneración y estrategias psicológicas de afrontamiento, Psicología de Urgencias y Emergencias, Salud Mental en situaciones de violencia política y catástrofes, Psicoterapia de interacción recíproca (modelo de Roberto Aguado), y sistémica familiar entre otras.

Con amplia experiencia en el campo de la intervención en crisis y emergencias, incluyendo el ámbito internacional: Ayuda Humanitaria de emergencia y Cooperación al Desarrollo. Además, ha trabajado en el área de selección y formación dentro del ámbito asociativo, en orientación e intermediación laboral, y en Servicios Sociales.

Actualmente compagina su trabajo como profesional de la psicología en consulta privada, con la formación y consultoría en diversos temas, como intervención en crisis, apoyo psicológico, trabajo en equipo, comunicación y gestión de equipos.

Introducción al episodio:

El Trastorno por Estrés Postraumático (TEPT) puede aparecer tras incidentes extremos que alteren la reactividad, memoria y forma de reaccionar ante incidentes que puedan evocar al evento traumático. Por suerte, NO todas las personas que vivencian eventos traumáticos desarrollan estrés postraumático.

El desarrollo del TEPT puede aparecer o no debido a factores controlables y otros no controlables, es por ello que existen los primeros auxilios posicológicos, que pretenden facilitar la «digestión» de dichos eventos extremadamente duros y atemorizantes. La buena utilización de estos recursos de primeros auxilios psicológicos puede llegar a minimizar de forma efectiva la aparición posterior del TEPT.

Begoña Dean nos explicará de forma magistral ciertos aspectos de estos primeros auxilios psicológicos, ya que nunca sabemos cuándo podrán sernos de utilidad.

Episodio entrevista

PABLO DE LORENZO (PDL): En este capítulo vamos a hablar sobre lo que sucede antes de que se desarrolle el estrés postraumático, justo en el momento en el que se produce aquello que la gente no desea volver a recordar. Vamos a ir al punto 0, es decir, a las primeras fases que tienen lugar tras un suceso catastrófico o muy duro. Asimismo, hablaremos sobre los primeros auxilios psicológicos y, para ello, tenemos a la gran psicóloga Begoña Dean. Cuéntanos un poquito quién eres y cuál es tu trayectoria.

BEGOÑA DEAN (BD): Como siempre digo, soy psicóloga de formación y de vocación. Esto último lo digo siempre porque tengo una curiosidad constante que me ha llevado a formarme en muchas áreas, y no estrictamente en psicología. Me he formado en clínica en la Universidad de Deusto y después hice varias formaciones complementarias de posgrado en estrés y estrategias de afrontamiento. También me he formado en orientación educativa, en psicoterapia de interacción recíproca… Más tarde, sin embargo, me centré mucho en todo lo relacionado con las emergencias: hice un posgrado de urgencias y emergencias, he estudiado temas relacionados con la salud mental en situaciones de violencia política y catástrofes, he realizado cursos relacionados con la salud…

Por otro lado, mi experiencia profesional me ha llevado también mucho por el área de la intervención de crisis y emergencia desde mis inicios, trabajando en una ambulancia. No obstante, también he atendido en emergencias a nivel internacional: he estado en un campo de refugiados y en un huracán (el huracán Katrina).

De la misma forma, cuento con experiencia en el ámbito de la psicología comunitaria, tanto a nivel de cooperación internacional, con proyectos de desarrollo comunitario y bienestar social, como a nivel nacional, es decir, en España, con Servicios Sociales. También he sido formadora en temas de apoyo psicológico (intervención en crisis) y en el módulo de primeros auxilios psicológicos del certificado de profesionalidad de transporte sanitario.

PDL: Muy interesante. Como hemos dicho anteriormente, vamos a hablar de los primeros auxilios psicológicos. ¿Podrías explicar su origen, esto es, cuándo se empezó a conceptualizar el tema de los primeros auxilios psicológicos y, sobre todo, en qué consisten?

BD: Para hablar de esto, conviene hacer un recorrido hacia el pasado, cuando hubo un *boom* en el desarrollo de este tema tanto a nivel internacional como estatal. Como suele suceder en el ámbito de la psicología, la primera vez que se habló de esto iba muy ligada al ámbito militar, que supuso también un impulso en cuanto a investigación y estudios. Uno de los grandes estímulos para el desarrollo de los primeros auxilios psicológicos fue el impacto que tienen las guerras en los soldados, que empezaron a describir ya desde principios del siglo pasado la llamada «neurosis de guerra» después de la Primera y la Segunda Guerra Mundial. Sin embargo, los estudios y las investigaciones más importantes al respecto se llevaron a cabo tras la guerra de Vietnam, ya que tuvo un impacto enorme en quienes participaron, y las consecuencias a nivel social fueron muy graves en esa época.

En cuanto al ámbito español, el desarrollo de los primeros auxilios psicológicos siempre ha ido muy ligado a una primera ayuda física, a pesar de no estar aún profesionalizados. En esa época, la asistencia mediante ambulancia se hacía a modo de voluntariado, y una de las grandes cosas que impulsaron aún más el desarrollo de estos primeros auxilios fue que se empezara a hablar más y a escribir sobre ellos a nivel estatal, a raíz de la tragedia de Biescas del año 1997.

PDL: ¿Qué sucedió?

BD: Hubo una riada que provocó inundaciones que afectaron a muchísimas personas que estaban en ese momento en un camping de Biescas, en Huesca. Murió mucha gente, y fue muy impactante, debido a la cantidad de daños materiales y de víctimas humanas que hubo.

PDL: ¿Recuerdas cuántas víctimas hubo?

BD: No recuerdo el número exacto, pero se tuvo que habilitar la pista de hielo de Jaca para el reconocimiento de cadáveres. Fue algo que sí se había hecho anteriormente, pero en el año 1997, cuando ya se estaba empezando a profesionalizar todo lo que tenía que ver con la ayuda en emergencias, se hizo un análisis de lo que sucedió, de la intervención, de cómo hubo que atender, etc., y se detectó una serie de cosas que había que tener en cuenta. Uno de los hechos más impactantes fue la gran cantidad de voluntarios que ayudaron a recoger cuerpos desmembrados, ya que, posteriormente, este hecho les afectó enormemente. En consecuencia, junto a la afectación de familiares y de supervivientes, hubo que atender también a los voluntarios y al personal de emergencias, además de a los familiares y supervivientes, por lo que fue una toma de conciencia muy clara sobre cómo afecta e impacta a nivel psicológico un desastre de esta magnitud y de estas características.

PDL: Es decir, que en estos casos no solo hay que atender a las víctimas, sino también a los que ayudan.

BD: Eso es. Por tanto, a partir de ahí se empezaron a desarrollar los primeros auxilios psicológicos y se tomó conciencia de lo importantes que son.

En esa época, todo lo que tenía que ver con el sistema de ambulancias lo gestionaban voluntarios de Cruz Roja, y se empezó a detectar la necesidad de incluir formación en aspectos psicológicos para las personas que fuesen a intervenir en este tipo de casos. Se diseñaron módulos de formación que se iban incluyendo en todos los cursos de transporte sanitario de las personas que iban a acudir en ayuda de los afectados y se institucionalizó, de alguna manera, la posibilidad de hablar de estos temas.

A partir de entonces, esta formación se ha ido enriqueciendo con todas las aportaciones, ya sea a nivel estatal como internacional, sobre el tema, así como con la profesionalización de la intervención en este campo.

PDL: Resulta muy interesante conocer los orígenes de estos primeros auxilios; todo tiene unos inicios. ¿Y qué debemos tener en cuenta a la hora de ayudar tras un accidente o una catástrofe?

BD: Sobre todo tenemos que conocer el punto en el que se encuentra la persona, es decir, si está en la fase de impacto, en la de reacción…, así como nuestro papel en dicha situación de emergencia. También debemos conocer las características y el tipo de desastre en el que tenemos que intervenir. Son muchas cosas, y la variabilidad es tal que hay que adaptarse un poco, sobre todo a la situación o momento en el que está la persona (o personas) con la que vamos a intervenir.

En general, en la intervención en primeros auxilios psicológicos se lleva a cabo lo que se conoce como «intervención de primer orden de la ayuda». Tiene lugar en los primeros minutos u horas tras el suceso, y el objetivo es siempre aliviar el sufrimiento de la persona y prevenir la aparición de futuros trastornos psicológicos (está demostrado que la intervención temprana previene la aparición de trastornos posteriores), contribuir a su restablecimiento físico (también está demostrado que disminuir la ansiedad contribuye al bienestar físico de la persona; si conseguimos que baje la tasa de latidos cardíacos, sangrará menos o con menor rapidez, por lo que surte un efecto inmediato en el bienestar físico) y facilitar que pueda volver cuanto antes a su organización de la actividad. Consiste, por tanto, en ayudarle a utilizar los recursos personales de los que todos disponemos para salir de situaciones completamente traumáticas. Esto se lleva a cabo a partir de los siguientes principios: el de la inmediatez en el tiempo y la proximidad en el espacio, ya que se hace *in situ* (o lo más próximo posible al lugar del incidente); esto es lo que define a los primeros auxilios psicológicos, de ahí su nombre; el de la simplicidad, ya que hay muchas estrategias que consisten, por ejemplo, en proteger, abrigar o dar agua a la persona, por ser los elementos más inmediatos que van a contribuir a la toma de contacto y enlace con la realidad de la persona, poniéndole de nuevo en funcionamiento; el que nos insta a trabajar sobre las expectativas de la persona, es decir, a anticipar el cambio de la situación a mejor, diciéndole, por ejemplo, que ya han llegado los recursos de ayuda (normalmente quienes aportan los primeros auxilios psicológicos son agentes de ayuda o personal de emergencias); el que se ocupa de normalizar las reacciones, es decir, de trasladar a la persona que lo que le ocurre es una reacción normal en una situación que no lo es.

PDL: Evitar la culpabilidad, por ejemplo.

BD: Eso es. De hecho, se trata de una de las primeras cosas que aparecen. La persona no entiende lo que le pasa y tiene la sensación de que este evento lo va a vivir así para siempre. Por lo tanto, debemos normalizar esa reacción, ya que muchas veces llegan a creer que están enloqueciendo. Esto ocurre, sobre todo, en una primera fase o en la fase de impacto, en la que no son capaces de pensar o no pueden hacer cosas que anteriormente podían hacer sin problema; muchas veces ni siquiera pueden recordar cosas simples, como su nombre o su dirección, y eso les angustia mucho más. Hay que explicarles que es normal que en ese momento no puedan hacerlo, que es algo que le pasa a todo el mundo. Sólo con eso ya estamos trabajando mucho. Además, nos tenemos que contener emocionalmente, escuchándole y acompañándole desde el silencio, acompasándolo con nuestros gestos o con la respiración. Detrás de todo esto, que parece tan casual, hay toda una estrategia.

PDL: Da la sensación de que parte de esos primeros auxilios es que no entender las reacciones del *shock*, esas reacciones extremas que tiene el cuerpo en el modo lucha/huida, estando ya paralizado incluso, los puede llevar casi a un estado de pánico. Es decir, al explicárselas les ahorramos el pánico, que puede suponer una reexperimentación aún mayor y que puede sumarse a la carga traumática, provocándoles esa sensación de que están enloqueciendo y de que están perdiendo el contacto con la realidad. No se puede impedir lo que ya ha sucedido, pero podemos hacerles ver que en su interior no está pasando algo más grave que lo que ha ocurrido fuera.

BD: Eso es, de esta manera les resulta más sencillo tomar el control sobre lo que está pasando, porque una de las cosas que más nos desestructuran es la sensación de falta de control. Una de las cosas que suceden en la fase de impacto es la ilusión de unicidad, es decir, de que eso no le ocurre a nadie más. Eso nos desborda, y es por eso que explicarle a la persona afectada que lo que le pasa es normal y que le pasa a todo el mundo reconforta mucho. Así, el individuo se da cuenta de que, si a otras personas les ha pasado y han podido volver a un estado normal, también él podrá volver a su estado anterior.

PDL: Teniendo en cuenta que es una cosa normal, ¿en qué consiste el estado de *shock*? ¿Cumple alguna función adaptativa o de supervivencia, o es algo residual?

BD: Si nos fijamos, por ejemplo, en los animales, cuando hay una situación límite que les provoca miedo suelen quedarse paralizados. La reacción primaria del miedo tiene una función de supervivencia, porque prepara el cuerpo a nivel fisiológico para atacar o huir. En esa valoración inconsciente y rápida, lo que sucede es que todas las funciones fisiológicas que no son válidas para sobrevivir en ese momento (por ejemplo, el sistema inmunitario o el reproductivo) se minimizan o se ralentizan. Entonces, la adrenalina provoca que nuestro corazón bombee la sangre más rápido, con el objetivo de prepararnos para la acción. En todo ese proceso, partiendo de que el miedo tiene una función adaptativa, entramos también en la vivencia del suceso y en cómo lo interpretamos cada uno de nosotros, y ésa es la explicación por la que encontramos dos vertientes en la fase de impacto: hay gente que se queda inmóvil y hay gente que entra en hiperactividad y pánico; todo depende de nuestras variaciones individuales. Ya hace tiempo que está demostrado que unos milisegundos antes de que la información o los estímulos que estamos viendo lleguen al lóbulo frontal (donde se desarrolla la actividad de análisis y planificación), ésta pasa por las estructuras subcorticales, que también se conocen como el «cerebro reptiliano» y son el lugar donde se encuentra la amígdala. De esta forma, nuestro cuerpo analiza, en cuestión de milisegundos, si hay peligro para su supervivencia o no, y responderá en función de ello. Aquí tienen mucho peso las diferencias individuales de cada uno, las experiencias previas que haya vivido y sus primeras experiencias de seguridad o de inseguridad (desde fases muy tempranas de la infancia).

PDL: ¿Podrías darnos algunos consejos de primeros auxilios psicológicos, para que podamos saber cómo ayudar o, por lo menos, saber en qué consisten?

BD: Si se da el caso de que tenemos que intervenir como espectadores o como personas que ayudan a los afectados, o resulta que somos familiares o amigos de éstos, lo más importante es que aparentemos estar tranquilos. No podemos ayudar a una persona que está en un estado alterado si nosotros mismos lo estamos mucho más, entre otras cosas, porque el pánico y el miedo se contagian. Debemos tener en cuenta varias cosas. La primera es la respiración; en las formaciones que damos a las personas que trabajan en ambulancias hay un protocolo bastante claro que, una vez que se conoce, ya nos aporta seguridad y evita que estemos tan nerviosos.

En segundo lugar, tenemos que comprobar en qué fase está la persona afectada; vamos a suponer que, si la emergencia acaba de pasar y sólo han pasado unos minutos o unas horas, la persona estará todavía en la fase de *shock*, por lo que su capacidad de pensar y de actuar será limitada. Esto podría llevarle a realizar acciones que podrían poner en peligro su vida. Si lo que ha tenido lugar es, por ejemplo, un accidente automovilístico y el individuo está en una autopista, podría empezar a deambular e ir hacia la carretera. Lo primero que deberíamos hacer es protegerle; ésta también es una de las conductas PAS que se estudian, la conducta de Proteger, Alertar y Socorrer. Si, en cambio, la persona afectada está inmóvil, tendríamos que tratar de eliminar la inmovilidad, partiendo, por supuesto, de que no tenga lesiones físicas que impidan que se mueva y suponiendo que está ilesa y consciente.

PDL: ¿Cómo se le puede ayudar a eliminar la inmovilidad?

BD: Por ejemplo, si vemos que la persona puede caminar normalmente y está ilesa, podemos pedirle que nos acompañe, o bien llevarla a otro sitio. De esta forma, además, la iremos alejando de los estímulos físicos, impidiendo que éstos se graben en su mente. También la alejaremos de un fenómeno que, desgraciadamente, es cada vez más frecuente: los «mirones», que suelen ser personas que se acercar a grabar y a hacer fotos del suceso. Podemos llevar a la persona afectada a un sitio más privado; de esta forma, conseguimos que se mueva y vamos eliminando esa pasividad. El movimiento nos trae al presente, evitando que nos disociemos; pone en marcha a nivel fisiológico otras funciones corporales, lo que contribuye a mejorar el discurso y a verbalizar lo que sentimos. De esta manera, el individuo podrá explicarnos lo que ha pasado, a dónde iba, etc. Como consecuencia, esta persona irá ordenando su relato (en ese primer impacto, a la mente le cuesta mucho ordenar los sucesos), y esto provocará un efecto ansiolítico en ella, por lo que podremos impedir ese caos mental que conduce al trauma.

PDL: Parece ser que, cuanto más fragmentado es el recuerdo, es decir, cuanto más sensorial y menos biográfico o más desestructurado es, más posibilidades hay de que nos vengan ciertos fragmentos a la memoria o de que los recordemos somáticamente. ¿Podrías ofrecernos algún consejo más de primeros auxilios?

BD: Primero tenemos que comprobar, como he dicho, que la persona está en la fase de impacto, ya que también podría estar en la de reacción. Esta última tiene lugar pasadas varias horas (o incluso semanas) y, en ella, la persona afectada entra en contacto con sus emociones. Aquí aparecerán sentimientos de culpa o rabia, por ejemplo. Cuando esto sucede, tenemos que permitirle expresarse, sondeando estos sentimientos y trabajándolos desde otro lugar diferente.

Sin embargo, si está en la fase de impacto, que es la que nos encontramos frecuentemente en esos primeros momentos de la emergencia, hay que trabajar según el ritmo de las necesidades de la persona o del punto en el que está, por ejemplo, anticipándole al cambio de la situación, como he comentado antes, diciéndole que la situación va a cambiar. También podríamos informarle sobre lo que vamos haciendo y lo que va a pasar. Así, esa persona irá recuperando el control de la situación, y nosotros le iremos acompañando. Otra cosa que también es muy importante y que se entrena en los cursos es el acompasamiento, ya que muchas personas no pueden expresarse a nivel corporal. Se trata de acompasar la respiración, ya que, cuando la persona está hiperventilando, no es capaz de bajar el ritmo de su respiración por sí sola. No obstante, si acompasamos nuestra respiración, ésta se le contagiará, provocando que baje el ritmo.

PDL: ¿Y qué se puede hacer? ¿Habría que ir sugiriéndole que respire de una manera concreta?

BD: Tenemos que ir acoplando nuestra respiración en una posición que no sea nunca de frente, sino un poco ladeada, y, siempre que se pueda, deberemos seguir el ritmo de la persona y observar la comunicación no verbal. Conviene tener algo de contacto físico, por ejemplo, poniéndole la mano en la pierna, mientras le vamos hablando. También es importante acompañarla en los silencios, ya que lo va a necesitar. Asimismo, traer cosas inmediatas a su mente (dónde iba a ir, si hay que avisar a alguien…) la devolverá también al presente. Asimismo deberíamos facilitarle el enlace con los recursos que pueda necesitar después, ocuparnos de sus pertenencias o taparla si tiene frío; se trata de cubrir esas primeras necesidades básicas. Los primeros auxilios psicológicos van unidos a los físicos, debemos procurarlos a la vez. Por lo tanto, se trata de conseguir el bienestar de esa persona a todos los niveles: físico y psicológico. Sin embargo, estamos hablando un poco en general, pero hay casos específicos que exigen una intervención específica; sobre esto se habla con más profundidad en los cursos.

PDL: Antes comentabas que debemos alejar a estas personas de situaciones o estímulos que puedan dejar una impronta mayor a nivel emocional y que sean más vinculantes al trauma. ¿Habría algún estímulo que sea más proclive a fijarse en la memoria y que sea involuntariamente más «recordable», como, por ejemplo, el olor a gasolina? Se trata de un olor muy peculiar y, si lo vinculamos al pánico, es posible que no podamos repostar a gusto en bastante tiempo.

BD: Sí, desde luego, todos los olores se asocian rápidamente a algo y, además, la sede para esto es la amígdala, que también es la sede de las emociones, con lo cual es muy fácil asociarlos emocionalmente; los olores son una de las cosas más impactantes. Éste es también uno de los elementos de los que deberíamos tratar de alejar al individuo afectado. Por ejemplo, el olor a carne humana quemada es una de las cosas que más se suelen grabar en la memoria.

PDL: Es desagradable, además.

BD: Eso es, y es de las cosas que más nos perturban. Lo mismo sucede con el olor a sangre, es muy fácil que se nos quede grabado, incluso durante semanas, y puede venirnos en cualquier momento. Por tanto, como ya hemos dicho, cuanto antes intentemos alejar a la persona de esos estímulos, mejor. Si, por ejemplo, hay una persona afectada que está oyendo a los bomberos desincrustar un coche, cortarlo, etc., deberíamos alejarla, porque va a asociar cualquier ruido similar a ese momento. Pero debemos evitarlo especialmente con los olores, ya que es inevitable que se queden grabados.

PDL: ¿Y cómo se puede desensibilizar a alguien que tiene cerca un olor de ese estilo?

BD: Mediante técnicas de desensibilización aplicadas posteriormente y, posiblemente, mediante una terapia de EMDR, ya que, gracias a ella, es posible acceder a la manera en la que se ha grabado esa información en la mente mediante la interconexión entre los hemisferios.

PDL: Antes hemos hablado sobre el acoplamiento de la respiración, pero, ¿hay alguna forma más en la que podamos ayudar en una catástrofe? ¿Qué podemos hacer si, por ejemplo, no conocemos el idioma del afectado?

BD: Dependerá sobre todo de la fase en la que se encuentre la persona y de cuál sea nuestro rol. Si estamos interviniendo en los primeros momentos, cuando tenemos que dar cobertura a esas necesidades básicas, esto se puede hacer casi sin hablar. Las miradas comunican mucho, y cualquiera de nosotros podemos valernos de ellas. El contacto físico y, si es pertinente, un abrazo, comunican mucho también. Sin embargo, es cierto que cuando nos referimos a habilidades más complejas, como normalizar las reacciones, darle información de lo que le estamos haciendo y de lo que va a pasar… sí que será necesario que conozcamos el idioma, de manera que pueda entendernos y nosotros podamos comprenderle también, además de escucharle y de saber qué es lo que necesita, sobre todo si ya está en la fase de reacción y está empezando a conectar con sus emociones.

Antes hemos hablado sobre la fase de reacción, que se produce a veces pasadas varias horas o semanas. Pues bien, hay gente que, dependiendo de cómo haya sido el impacto, puede entrar en fase de reacción en el momento en el que se va a intervenir con los primeros auxilios psicológicos, es decir, *in situ*. Es posible que en ese momento ya esté reaccionando a esas emociones. En ese caso, tendremos que poder reconocerlo e intervenir.

Volviendo al asunto del idioma, por tanto, depende de la situación. De todas formas, en los equipos de intervención de apoyo psicológico solemos llevar una pequeña guía con las preguntas más frecuentes en diversos idiomas, para poder comunicarnos con las personas afectadas.

PDL: ¿Y qué factores de diferentes tipos podrían aumentar la posibilidad de desarrollar un cuadro de estrés postraumático en la persona que ha vivido una catástrofe o cualquier otro evento traumático?

BD: Influyen mucho las variables personales. Si dos personas tienen una misma vivencia, es posible que una desarrolle estrés postraumático y la otra no. El historial traumático es muy importante. Puede tratarse de cosas que la persona tenga o que haya tenido sin resolver, incluso cosas que, en principio, no parece que hayan sido muy traumáticas, pero que, de repente, tras el suceso se desbordan. Un ejemplo serían los duelos sin elaborar; es posible que, en su momento, un duelo en concreto no afectara al individuo, pero que, con el tiempo, vaya acumulándose con otros sucesos y que, de repente, salga a la superficie. Por otro lado, el historial de apego también es importante; éstas serían las vivencias tempranas, los aprendizajes y el tipo de gestión emocional, la vulnerabilidad y el momento en el que se encuentra la persona. Podría ser que, justamente, esté pasando por un momento de mayor vulnerabilidad. También depende de la red social o de los elementos de protección que tenga para resolverlo, así como del tipo de desastre o de incidente que ha vivido, ya que no es lo mismo que tenga lugar un evento fortuito y accidental que uno provocado por el hombre, como en el caso de los actos terroristas. No los vivimos de la misma forma, porque, a la hora de interpretarlos, el ataque y la desestructuración en estos casos es mucho mayor.

PDL: Claro, partimos desde una base de crueldad humana y de incomprensión. La naturaleza, al fin y al cabo, es impersonal, y no ataca a alguien en particular, pero un atentado terrorista en el que la persona podría no haber atacado es otra historia.

BD: También se trata de lo imprevisible que resulta, ya que no es lo mismo que, por ejemplo, tenga lugar una riada o una inundación, de la que sabemos que podemos protegernos (si vemos que llueve mucho, basta con no salir de casa), que si vamos paseando tranquilamente por la calle y estalla una bomba. Se trata de un suceso completamente imprevisible, no hay manera de que podamos controlarlo y no tiene ninguna explicación para nosotros. Estamos expuestos a cualquier cosa que nos pueda pasar en la vida.

PDL: Este tipo de sucesos rompen totalmente con la sensación de seguridad que tenemos; la vida deja de ser previsible. Cuanto más imprevisible y sin sentido es un suceso, mayor será el riesgo de padecer un estrés postraumático. Me imagino que si, por ejemplo, tiene lugar una erupción volcánica que lleva una semana sacando humo, las personas tendrían más oportunidades para actuar, por lo que tendrán la sensación de que podrían haberlo anticipado, a pesar de que se les haya quemado la casa, como pasó en La Palma. Por tanto, en mi opinión, no es lo mismo que vivir un atentado terrorista, que no se puede anticipar.

Hemos hablado de los factores, pero ¿qué importancia tendrían las variables culturales y étnicas ante la superación del trastorno de estrés postraumático o ante la posibilidad de no desarrollarlo?

BD: Verás, yo he realizado un posgrado de salud mental en situaciones de violencia política y de catástrofes, en el que se analiza de forma superficial el contexto internacional, y, sin embargo, no fue hasta que fui a un país con una cultura diferente (cuando estuve en el proyecto de desarrollo en África de niños que habían sido raptados por la guerrilla y que habían sido soldados) cuando me di cuenta de que nada de lo que había estudiado sobre el trastorno de estrés postraumático se reflejaba en los casos que vi allí; me quedé atónita. Es cierto que yo no podía comunicarme de forma directa con los niños, precisamente por el idioma y porque ya no estaban en la fase de impacto o reacción, en las que sí hay que hablar. No obstante, utilizábamos voluntarios y personal entrenado que hablaba el idioma y que interpretaban directamente para mí. Por tanto, para mi sorpresa, empecé a darme cuenta de que realmente la forma que tienen de conceptualizar la vida, sus prioridades y sus valores eran totalmente diferentes a las nuestras. Por ejemplo, para ellos lo más importante no era el daño que percibían como seres individuales, ya que existían en función de la comunidad, es decir, si su familia estaba bien, ellos estaban bien. No sucede lo mismo en nuestras culturas individualistas, en contraposición a estas culturas colectivistas. Aunque en África las cosas están cambiando a causa de la globalización, antes (o dependiendo del contexto y, sobre todo, en contextos rurales), eran más colectivistas. En estas culturas lo que primaba era la comunidad y su bienestar; para ellos, la mejor forma de resarcirse y de recuperarse o rehabilitarse consistía en insertarse en la comunidad y que ésta les aceptase. No tenían síntomas como la aparición de *flashbacks* como tales, y no nos hablaban de ese malestar individual.

PDL: Es decir, que los *flashbacks* no les molestaban, ¿no?

BD: Es que, de hecho, no los relataban. Esto también sucedía debido a que no tenían una capacidad de autoevaluación propia, es decir, de analizarse a sí mismos, simplemente por su cultura. Incluso cuando les hacíamos preguntas en segunda persona del singular («¿Cómo estás?»), tardaban en responder. La identidad del «yo» no existe, se trata de «nosotros».

PDL: Es decir, que se trata casi de una alexitimia de base, esto es, de una falta de entendimiento de las emociones propias.

BD: Podría ser, pero yo lo relaciono más, después de verlo y de sentirlo, con algo meramente cultural. En el momento en el que veían que podían hacer algo por la comunidad, mejoraban. De hecho, toda la parte relativa a su reinserción se dirigió a la aceptación de la comunidad, implicándola. También se utilizaron estrategias en comunidad, elementos catárticos como el teatro… Todo estaba dirigido a que pudieran trabajar los traumas desde los elementos y códigos culturales que entendían. Nosotros aquí sí que podemos hablar a los afectados en segunda persona, porque vivimos en una cultura individualista.

En resumen, debemos adaptarnos también a la cultura. A la hora de intervenir con alguien, debemos conocer qué cosas son importantes para la persona afectada, sin dar por hecho lo que suponemos que le ha podido alterar, porque quizá tenga otros códigos y necesidades.

PDL: Cambiando un poco de tema, ¿habría factores protectores que podamos entrenar para prevenir el estrés postraumático?

BD: En mi opinión, sí, y esto va unido también a la pregunta anterior. Creo que, fruto de la sociedad en la que vivimos, donde todo se controla hasta el más mínimo detalle (sabemos que llegamos a cierta hora a una parada, por ejemplo, y un minuto o, como mucho, dos después viene el autobús), si algo se sale de lo habitual (como sucede en un evento traumático o un accidente), dejamos de ser funcionales. Por lo tanto, sí, podemos entrenar nuestra adaptabilidad. Para ello, podemos tratar de adaptarnos a distintas situaciones o cambios. Esto es recomendable también porque la falta de cambios es otro factor que predispone al alzhéimer, dicho de una forma muy rápida. Si hacemos siempre lo mismo, la ruta neuronal de lo que hacemos se acaba grabando a fuego en la cabeza, por lo que no crearemos nuevas conexiones neuronales. Lo que más estimula el cerebro es la diversidad en cualquier ámbito de la vida. Asimismo, es muy recomendable que conectemos con la idea de que no podemos controlarlo todo. Las personas que más conscientes son de ello son las que están más preparadas para afrontar un evento traumático.

PDL: Estamos hablando de que hay que aceptar que no podemos controlarlo todo, y, por lo tanto, de que preocuparnos no sirve de nada.

BD: Eso es, pueden pasar cosas incontrolables, por lo que, en ese momento, tendremos que adaptarnos.

PDL: Claro, pero eso implica tener la seguridad de que disponemos de recursos, porque la frase «no puedo controlarlo todo» puede ser una gran generadora de ansiedad.

BD: Claro, pero nos genera ansiedad porque vivimos en un mundo en el que estamos acostumbrados a controlarlo todo. Como ejemplo, estuve un tiempo trabajando en un país europeo nórdico donde todo está medido al milímetro. Un compañero, que también es español y que estaba trabajando con otras personas de allí, me contó que, en una ocasión, hubo un fallo relacionado con la comida de un congreso. El *catering* no iba a llegar y entraron en pánico. Mi compañero me describió el estado de sus compañeros y me dijo que no podían funcionar bien, me estaba describiendo casi una fase de impacto de *shock*. Esto sucede porque no están acostumbrados a que les ocurran este tipo de cosas. Cuanto más acostumbrados estamos a algo, mejor nos adaptamos, y viceversa. Cuando estuve en África, lo normal era que las cosas no salieran bien, por lo que parten de un umbral de tolerancia alto y, en consecuencia, sólo se van a ver alterados por cosas muy graves.

PDL: Claro, en cierto modo, se trata de una violación del principio de seguridad y predictibilidad. Si vivimos en una sociedad impredecible, cuando sucede algo impredecible, a pesar de que sea negativo, nos adaptaremos mucho mejor, pero si estamos acostumbrados a que todo funcione al milímetro, cualquier evento provocará un caos total.

BD: Se podría decir que eso forma parte ya de la neurosis de nuestra sociedad.

PDL: Claro, porque, en el caso del *catering*, tal vez el problema no sea que haya fallado, sino todo lo que ello implica: «qué van a pensar los demás», «van a decir que como organización somos un desastre», «los invitados van a pensar que organizamos mal»... Por lo que, tal vez, el pánico no era la falta de comida en sí.

BD: Eso es. Sin embargo, eso forma parte de la interpretación que cada uno hace de los hechos, así como de la afectación psicológica de cada individuo. Si ese hecho nos afecta, será por algo, y ya partimos de una base en la que vamos a tener que poner en marcha recursos ante algo que realmente no lo merece tanto. Hay un desgaste previo y partimos de un estrés mucho mayor. En nuestras sociedades occidentales, en general, somos mucho más proclives a un estrés postraumático que otras culturas en las que se vive de otra manera. También influye mucho a qué atribuimos las cosas; cuando culturalmente se tienen creencias religiosas, éstas protegen, de alguna manera, de sufrir un estrés postraumático en los casos en los que el suceso es incontrolable. Si creemos que no tiene explicación y que, por tanto, nos puede volver a pasar, nos afectará mucho más y será mucho más traumático que para las personas que pueden atribuirle una explicación religiosa.

PDL: Claro, si le otorgamos al suceso un sentido y «entendemos» por qué ha podido pasar, podremos, más o menos, anticiparnos a que pueda volver a ocurrir, fijándonos en las señales. Si no sabemos por qué ha sucedido, puede volver a ocurrir en cualquier momento. Incluso el hecho de tomarlo como un castigo divino o algo similar tiene esa función.

BD: Eso es, se trata de una posible explicación y eso ya nos protege, porque ya entendemos lo que ha podido pasar y sentimos que tenemos cierta capacidad de control sobre ello.

PDL: Esta es una pregunta un poquito más personal. De lo que has vivido en tu trayectoria profesional, ¿hay algo que te haya marcado en especial?

BD: En cuanto a las emergencias, algo que se me suele quedar más grabado son, en general, los casos en los que hay menores implicados, pero, en concreto, recuerdo una ocasión en la que llegué a intervenir como auxiliar de transporte sanitario con la madre de una niña de unos dos años, por lo que estimamos a partir del tamaño, que había fallecido. Fue un caso muy difícil, y no hubo que abordar directamente el tema, pero el hecho de intervenir con toda esa información (yo me ponía, aun sin quererlo, en el lugar de la madre, anticipándome a lo que ésta iba a vivir después) lo hizo muy duro para mí. En general, todas las intervenciones con menores son muy duras. Cuando me ha tocado, por ejemplo, comunicar fallecimientos o acompañar en el fallecimiento de los progenitores a menores también me ha afectado mucho.

Sin embargo, también diría que, por más cosas duras e increíbles que ocurran, he visto también en estos casos un lado positivo: he podido ver cómo la gente se sobrepone. Por mi trabajo, en ocasiones, he escuchado experiencias de personas que han vivido sucesos muy traumáticos y muy duras, pero, al verlos en el momento presente, me sorprendo de lo mucho que han mejorado. Me alegra poder ver también esa parte; me demuestra que, como seres humanos, tenemos la capacidad de sobreponernos a este tipo de eventos.

PDL: Incluso se podría aprovechar esa experiencia para dar un impulso y un cambio vital mucho mayor que el que daríamos si, por ejemplo, el evento no hubiese sucedido.

BD: Eso es, aprovechemos para cambiar a mejor.

PDL: Claro, cambiar a mejor *a pesar* de la experiencia. ¿Nos podrías dar algún consejo para ayudar a alguien cercano que haya vivido una experiencia potencialmente traumática?

BD: Yo partiría de esto último que acabamos de comentar. Si ayudamos desde el convencimiento de que la persona va a poder con ello, indirectamente le estaremos trasladando gran parte de la recuperación.

PDL: ¿Hay algún mensaje que quieras dejar?

BD: Muchas veces, a la hora de intervenir en esta sociedad en la que todo se retransmite, el papel de los medios de comunicación es, en muchas ocasiones, una piedra más en el camino, sobre todo para las víctimas de los sucesos o los supervivientes. Sin embargo, esto se ha ido extendiendo cada vez más, hasta el punto de que cualquier espectador puede grabarlo, contarlo, comentarlo… Por lo tanto, me gustaría trasladar al público la idea de que debemos ser conscientes de lo que hacemos y de que debemos ponernos en el lugar de las personas que están pasando por eso. Debemos respetar al máximo su dolor y mantener la discreción y la confidencialidad, no sólo evitando enviar vídeos de lo ocurrido, sino también con nuestros comentarios. El morbo vende mucho, es algo innato y consustancial al ser humano, pero debemos tener una mayor conciencia antes de hablar a la ligera y de hacer cualquier tipo de comentario, respetando a los demás.

¿Cómo perturba a la identidad y qué tiene de especial el trauma complejo?

Como hemos visto, la exposición y vivencia muy dolorosa de eventos traumáticos como son las catástrofes naturales genera a priori estrés postraumático de tipo simple. Esto lo entendemos como una única exposición a un elemento traumático muy potente. Aparecen síntomas lógicos en un organismo que ha detectado que la «seguridad total» no existe y que, aparte, reacciona de forma desmesurada ante elementos que se parezcan o simbolicen el elemento traumático. La mente guarda estos elementos traumáticos a granel, de forma tosca y sin precisión, por lo que la sirena de las ambulancias puede haberse asociado a peligrosidad y activar sin querer la reacción de pánico. Si ya los eventos que no tienen intencionalidad humana son atroces en cuanto a los síntomas que generan, el trauma complejo afecta hasta en la identidad.

El trauma complejo, explicado en el primer capítulo, suele producirse por traumas repetidos de menor intensidad (que el trauma simple) originados por todo tipo de situaciones relacionales. Desde la infancia, el niño, que no puede desidealizar a sus padres, empieza a deformar su autoestima para adaptarse a unos ideales inalcanzables que no están basados en una aceptación real e incondicional. Estos inicios suelen llevar consigo, muchas veces, una vida que replica el trauma de la falta de validez y miedo al abandono. La persona entra en un círculo vicioso que puede durar toda su vida e incluso transmitirse por generaciones.

Capítulo 3

Mente en guerra. Destrucción de la psique y otras cuestiones apasionantes. Con el historiador Andoni Román

Mi nombre es Andoni Román Bañares y soy historiador, graduado por la Universidad del País Vasco. Actualmente, estoy cursando un Máster de historia militar en INISEG (Instituto Internacional de Estudios en Seguridad Global) en colaboración con la Universidad eCampus de Italia. Mi recorrido profesional es amplio, puesto que soy autor de una obra historiográfica financiada por la Diputación Foral de Álava que será publicada próximamente titulada *Guía de fuentes para el estudio del ámbito militar en Álava durante la Edad Moderna y principios de la contemporaneidad* (2025).

Asimismo, el 17 de marzo de 2025 tuve el honor de ser seleccionado como ponente en una conferencia en el Museo de la Armería de Álava en colaboración con la Diputación Foral sobre un trabajo inédito acerca de la historia reciente de la esgrima alavesa. En esta línea, también soy miembro del Grupo de Investigación en Historia Militar del CIIA, en el que soy autor de diversos artículos. Recientemente, he tenido la oportunidad de trabajar en la redacción de artículos historiográficos en el proyecto Ancient Rome Live del prestigioso arqueólogo Darius Arya. En la actualidad, he fundado un proyecto de divulgación histórica tanto en TikTok como en Instagram, donde ya cuento con una comunidad bien consolidada.

Introducción al episodio:

Es fundamental comprender la influencia que los eventos traumáticos tienen en nosotros. El trauma sería la suma del evento traumático más una forma disfuncional (aparentemente) de procesarlo y convivir con ello.

Por otro lado, no es de extrañar que las primeras investigaciones sobre estrés postraumático vengan de la recepción de los combatientes norteamericanos tras diferentes conflictos armados en el siglo XX. En este episodio veremos el nombre y las conjeturas que se hicieron en un primer momento sobre el estrés postraumático. El cuadro clínico muchas veces era simulado en el campo de batalla para salvar la vida, pero con altas posibilidades de que uno fuese descubierto.

En este episodio trataremos de entender estos temas junto a Andoni Román. Buscaremos dar luz sobre uno de los máximos exponentes en la fabricación de traumas, la guerra y su sinsentido.

Episodio entrevista

En este capítulo vamos a abordar varios temas en los que tanto la humanidad como la mente se han visto al límite, es decir, temas relacionados con la psicología en la guerra. Abordaremos muchas cuestiones y términos que pueden resultar curiosos e interesantes, incluso para las personas que no son aficionadas a los temas bélicos. Para ello, contamos con la colaboración del historiador Andoni Román.

ANDONI ROMÁN (AR): Muy buenas, Pablo, encantado de estar aquí y con muchas ganas de hablar sobre psicología y temas bélicos.

PABLO DE LORENZO (PDL): La primera pregunta que te quería hacer es sobre el estrés postraumático: ¿cómo se concebía este en la Antigüedad, es decir, en la Antigua Roma o en la Antigua Grecia? ¿Hay alguna información al respecto, o es todo un misterio?

AR: En primer lugar, habría que mencionar que hay dos escuelas, por así decirlo, que han tratado este tema. Una de ellas está encabezada por Owen Rees, un historiador británico, y es la escuela universalista. La otra es la escuela relativista, encabezada por Jason Crowley. Según la escuela universalista, la época y el contexto militar u operativo serían indiferentes, ya que los síntomas se darían de forma muy similar o prácticamente exacta a los síntomas que vemos hoy en día en algunos casos. Por otra parte, los relativistas abogan, como su nombre indica, por una perspectiva mucho más relativa; las circunstancias y las tácticas que se empleaban en la guerra antigua condicionarían mucho la sintomatología que se vería en los pacientes. Además, no abogan por llamarlo «estrés postraumático», ya que, según ellos, sería un presentismo, al ser este concepto algo muy nuevo, y explican que no podría aplicarse a la Antigüedad ni al paradigma mental de los antiguos. Sin embargo, estas teorías están basadas en fuentes que están abiertas a debate. En primer lugar, tenemos en la Grecia clásica a Gorgias, un autor y orador del siglo v a. C. que escribe en el contexto de la guerra del Peloponeso y menciona temas míticos como la guerra de Troya. Ésta es una guerra mítica, ya que la Historia, en este momento, se escribe con una entonación mucho más legendaria. Por tanto, no es muy verídica, pero es la fuente que tenemos de la Grecia clásica. Contiene, además, algunas anotaciones de algunos casos de lo que parece ser estrés postraumático en algunos soldados que lucharon en la guerra de Troya. No obstante, insisto en que es una fuente un poco dudosa, ya que está basada en una guerra mítica; es posible que se basara en casos reales de la guerra del Peloponeso, que se estaba viviendo en ese momento, pero no lo podemos saber realmente.

Unas fuentes que son más fiables son las de la época romana, tenemos, por ejemplo, a Apiano historiador del siglo II d. C., quien escribe sobre un soldado llamado Cestius Macedonicus que, textualmente, dice que, en algunos momentos, durante el combate y después de él, está fuera de su ser, y que, incluso tras la experiencia del combate, llegó a suicidarse.

También tenemos unos años atrás a Plutarco, a finales del siglo II d. C., quien escribe sobre la vida del general romano Mario y habla de pesadillas, terrores…, es decir, de un sueño alterado que sufren multitud de soldados del general.

Por último, contamos también con una fuente epigráfica, la de la lápida del legionario Ulpius Optatus. Según ésta, en una ocasión, durante el combate, pasó a lo que podría llamarse «modo *berserker*», es decir, a un modo enloquecido y lleno de ira, tras lo cual embistió contra el enemigo sin piedad.

¿Qué respuesta podemos dar sobre si hubo casos similares en la Antigüedad o si hubo diferencias entre los actuales y los antiguos? La respuesta más plausible es que es muy probable (los indicios apuntan a ello) que hubiera estrés postraumático o síntomas parecidos a los de este. Sin embargo, no sabemos si la sintomatología era exactamente igual, ni tampoco conocemos la frecuencia con la que se daba.

PDL: Yo compartiría la visión universalista, ya que considero que el estrés postraumático es una reacción natural del cuerpo ante eventos aterradores y que nos marcan mucho emocionalmente, como puede ser la guerra.

La siguiente pregunta que me gustaría hacerte es sobre el impacto de la religión en la mente humana a la hora de justificar la beligerancia contra otras personas, es decir, la ejecución en batalla contra otros combatientes. ¿Daba la religión carta blanca para no sentir culpabilidad al realizar dichos actos?

AR: Para responder a esta pregunta debemos entender que, cuando tiene lugar una guerra cuya motivación es eminentemente religiosa, la religión otorga al combatiente una causa justa para lo que hace. En otras palabras, la culpa de matar a otra persona en sociedades como la medieval, por ejemplo, nace principalmente del pecado, ya que, en lo que respecta al pecado, hay que rendir cuentas ante Dios. Si una persona está embarcada en un conflicto o una guerra que se emprende por la voluntad de Dios, ese pecado ya no será tal. Por tanto, el acto de matar se vuelve mucho más sencillo.

Podríamos poner como ejemplo el caso de las Cruzadas, ya que es el caso más paradigmático. También estaría, por ejemplo, el de la *yihad* islámica. Literalmente, se decía que aquel cruzado que muriera en Tierra Santa iba directo al cielo. Que matara al infiel era el camino a Dios, era lo que más podía acercar a Él.

PDL: A modo de curiosidad, una de las plantas más venenosas de toda la cuenca del Mediterráneo es la adelfa, que aparece en riberas de ríos y en zonas con cierta humedad, y, al parecer, existe un relato en el que un batallón de la guerra de la Independencia fue aniquilado porque se lo recibió en un pueblo del sur con mucho cariño y les prepararon unos conejos asados con leña de adelfa. ¿Esto puede ser cierto o sería más bien un mito?

AR: La verdad es que yo este caso no lo conocía. Estuve indagando un poco sobre ello y encontré tanto argumentos a favor como en contra. Es cierto, no obstante, que los argumentos a favor no parecen estar sustentados en evidencias arqueológicas ni documentales, así que yo diría que probablemente sea un mito para arengar a los combatientes contra el ejército francés, ya que éste tenía un aura de invencibilidad difícil de derribar.

Esto es algo que se ha repetido muchas veces a lo largo de la Historia. Por ejemplo, hay una historia muy curiosa de la Primera Guerra Mundial, la de los ángeles de Mons, en la Batalla de Mons de 1915. Algunos testigos afirman que se encontró a miles y miles de soldados alemanes acribillados por flechas, a pesar de que en esta época ya no se utilizaban. Sin embargo, algunas personas defendían que habían sido los fantasmas de los combatientes de la guerra de los Cien Años, los arqueros ingleses medievales, los antecesores de los británicos, quienes los habían acribillado a flechazos.

PDL: Tengo entendido que, respecto a cambios estructurales de cómo percibía la guerra la psique de la población, hubo un cambio importantísimo en la Primera Guerra Mundial. Antes de dicha guerra, un enfrentamiento bélico se percibía como algo heroico, como una gran gesta, pero a raíz de la Primera Guerra Mundial las cosas cambiaron. Como has comentado anteriormente, la gente inventaba historias míticas para infundir valor en los soldados, además de utilizarlas para sacar a relucir su orgullo bélico y nacionalista, un orgullo que, a su vez, pretendía ser altruista y, prácticamente, caballeresco.

La pregunta que te quiero hacer es la siguiente: ¿qué efecto tuvo la Primera Guerra Mundial en la experiencia del combate? ¿Qué diferencia a este conflicto de otros conflictos previos, en cuanto a la percepción del concepto de la guerra y a cómo lo vive el individuo?

AR: Como ya hemos comentado, la Primera Guerra Mundial supuso un antes y un después. Anteriormente ha dicho conflicto, el conjunto de la población tenía una percepción de la guerra heroica, de gesta caballeresca… Sin embargo, lo que sucedió es que se encontraron con una realidad totalmente diferente. Esta realidad tan cambiante de la guerra se produjo a causa de todos los avances tecnológicos que se dieron a finales del siglo XIX y principios del XX. Hay que tener en cuenta que en esta época se inventaron la ametralladora, los fusiles de repetición, la artillería pesada, los gases asfixiantes (de los que hablaremos un poco más adelante)… Hubo multitud de avances tecnológicos, sobre todo en el campo armamentístico, que transformaron este conflicto en el peor de la historia de la humanidad hasta ese momento. Tan terrible fue que se la conoció también como la Gran Guerra. Fue un conflicto con unas bajas sin precedentes; el número de bajas fue tan elevado que no había una familia que no tuviera ningún tipo de pérdida en el seno de su hogar.

En este conflicto es muy conocida la guerra de trincheras; a pesar de lo que podamos pensar, se trata de la forma de guerra más segura en la guerra moderna, ya que al principio de la guerra tuvieron lugar guerras de movimientos, es decir, de grandes contingentes en campo abierto, y aquello fue una masacre. Por tanto, los combatientes se vieron obligados a enterrarse en el suelo, literalmente, para poder sobrevivir. Sin embargo, las condiciones de vida eran atroces. De hecho, son algunas de las condiciones más duras que puede transitar un combatiente a nivel psicológico. Debemos tener en cuenta que están entre el fango, entre la suciedad, con ratas y enfermedades, sufriendo bombardeos constantes (a veces incluso de 24 horas de duración)… Es muy conocido, de hecho, el *shell shock* o neurosis de guerra, una patología que apareció en dicho conflicto.

PDL: Según lo que indicaba un documental que pude ver hace poco, al principio de la Primera Guerra Mundial, las autoridades médicas consideraban que el *shell shock* (que luego se conoció como estrés postraumático) era una suerte de rebote intracraneal que sufría el propio cerebro al estar cerca de explosiones o de artillería. Poco a poco fueron descartando esa explicación, ya que muchas de las personas que lo presentaban tenían unos síntomas muy potentes. Es más, en mi opinión, la catatonia o los síntomas conversivos como la ceguera o la incapacidad para moverse, por ejemplo, ya no vemos traumas tan masivos y prolongados como los de aquella guerra, pero en su momento fueron devastadores. Es más, llegó un punto en el que incluso los soldados que presentaban *shell shock* o estrés postraumático y tenían terror por salir eran fusilados o tachados de cobardes.

Asimismo, hubo una enfermedad que no se tuvo en cuenta y que ha existido siempre; en este caso, se dieron las condiciones perfectas para que fuese una especie de factor común. Estamos hablando del pie de trinchera. En el pie, cuando se moja, al igual que en las manos, se forman pequeñas arrugas, principalmente para poder adherirse a la superficie (maceración). Cuando pasa mucho tiempo, no obstante, esa piel se torna frágil y se puede romper. Cuando los soldados llevan mucho tiempo con los pies húmedos y fríos acaban perdiendo la sensibilidad de los nervios y pueden acabar perdiendo hasta los pies.

Hubo, aparte de todo esto, muchas más cosas que se fueron descubriendo en esta época.

AR: Correcto, en aquella época, muchas personas creían que el estrés postraumático era una forma de evitar ir al frente, es decir, se creía que algunos lo fingían. Seguramente hubo casos en los que fue así, pero se ha probado que la mayor parte de los casos eran reales.

El lector puede incluso buscar el término *shell shock* en YouTube, por ejemplo, y ver vídeos de la época que se tomaron a los pacientes. En ellos se puede ver que los síntomas son muy evidentes. Se grabó la famosa mirada de las mil yardas, que es una mirada perdida, y se pueden ver también muchísimos tics nerviosos, parálisis, ataques de pánico... De hecho, hay un vídeo muy significativo en el que un oficial le enseña una gorra a uno de los pacientes y éste entra en pánico: se pone rígido, se echa hacia atrás, tiene la mirada perdida... Es muy impactante. Pensemos en el impacto que tenía en la gente ver a estos combatientes con este tipo de síntomas tan graves e incapacitantes. Incluso después de la guerra, ya que muchos de ellos tuvieron aquellos síntomas de por vida.

PDL: Sí, porque, generalmente, un porcentaje elevado de los síntomas del estrés postraumático remite de forma espontánea, pero también hay otro porcentaje bastante extenso que, sin el tratamiento adecuado, puede llegar a cronificarse. Todo esto lo hemos podido ver multitud de veces en el cine norteamericano, sobre todo en películas de excombatientes de la guerra de Vietnam. Por poner un ejemplo, recuerdo una escena de una película en la que se puede ver a un hombre viendo en la televisión una película con disparos, explosiones, etc. Sin embargo, la cámara se mueve de repente y se puede ver que la televisión está apagada, es decir, el hombre estaba teniendo un *flashback*.

Cambiando un poco de tercio, en mi opinión, la motivación es muy importante en estos casos, uno no hace nada sin motivación. Teniendo esto en cuenta, ¿cómo se conseguía que una población que vivía en paz fuese a la guerra? Y, ¿qué función tuvo la propaganda? ¿Qué efectos tuvo en la población para que acabase deseando, *motu proprio*, pelear para defender unos determinados motivos?

AR: Debemos tener en cuenta que la Primera Guerra Mundial fue la primera guerra total, es decir, fue el primer conflicto que implicó, directa o indirectamente, a toda la población de todos los países implicados, desde el militar que estaba en el frente hasta el ama de casa que tenía que trabajar en la fábrica para producir los proyectiles. ¿Cómo se sustenta el esfuerzo de guerra de toda una población durante un tiempo prolongado? Sin propaganda y sin una motivación concreta, la población termina hastiada, y más en la guerra moderna, que tan costosa es tanto en vidas como en materiales. La propaganda se convierte, por tanto, en algo indispensable, ya que consigue que la población diferencie entre «buenos» y «malos». Y, ¿cómo se puede hacer ver que el enemigo es el malo de una forma muy clara y visual (que es la mejor forma de llegar a la población)? Deshumanizando al enemigo, ya sea por medio de apelativos como «los hunos» (para los alemanes), de representarles como monstruos caníbales… El efecto que esto produce en la población es, por una parte, miedo y, por otra, odio. Al combinar el miedo y el odio se obtiene una de las reacciones más poderosas que puede haber en el pueblo, que es una violencia absoluta contra el enemigo.

PDL: Pese a ser infame, creo que hubo un gran «genio» durante la Segunda Guerra Mundial en lo que respecta a la manipulación de masas: Joseph Goebbels. Éste fue un gran manipulador que logró enfervorizar a la población, provocando que quisiera acudir al combate a favor del partido nazi. ¿Cuáles serían esos principios que estableció Goebbels para poder crear una propaganda efectiva y funcional?

AR: Joseph Goebbels era un hombre que, pese a ser un personaje tan infame y un ferviente nacionalsocialista (es decir, nazi) convencido, era un hombre extremadamente inteligente que demostró sus dotes para la manipulación a gran escala (al fin y al cabo, eso es lo que es la propaganda). Fue tal el éxito de los once principios que desarrolló, que mantuvo a toda la población alemana convencida por la causa por la que luchaban hasta el final de la guerra, hasta que los soviéticos estaban a las puertas de Berlín. E incluso en esos momentos la gente seguía luchando. De hecho, querría enumerar estos once principios, porque me parecen muy interesantes y muy significativos para entender un poco la propaganda de Joseph Goebbels.

El primero de ellos es el principio de simplificación y del enemigo único, es decir, adoptar una única idea, un único símbolo, e individualizar al adversario en un único enemigo.

El segundo es el principio del método de contagio: consiste en reunir a diversos adversarios en una sola categoría o individuo. Los adversarios han de constituirse en suma individualizada.

El tercero es el principio de la transposición, que consiste en cargar sobre el adversario los propios errores o defectos, respondiendo al ataque con otro ataque y, en sus mismas palabras, «si no puedes negar las malas noticias, inventa otras que las distraigan».

El cuarto de los principios es el de la exageración y desfiguración: convertir cualquier anécdota, por pequeña que sea, en una amenaza muchísimo más grave.

El quinto de ellos es el principio de la vulgarización. En sus propias palabras, «toda propaganda debe ser popular, adaptando su nivel al menos inteligente de los individuos a los que va dirigida».

El sexto es el principio de la orquestación, la propaganda debe limitarse a un número pequeño de ideas y repetirlas incansablemente, presentadas una y otra vez desde diferentes perspectivas, pero siempre convergiendo sobre el mismo concepto, sin fisuras ni dudas.

El séptimo: principio de renovación. Hay que emitir constantemente informaciones y argumentos nuevos a un ritmo tal que, cuando el adversario responda, el público esté ya interesado en otra cosa.

El octavo es el principio de la verosimilitud, es decir, construir argumentos a partir de fuentes muy diversas.

El noveno de ellos es el principio de la silenciación; consiste en callar sobre las cuestiones acerca de las que no se tienen argumentos y disimular las noticias que favorecen al adversario.

El décimo es el principio de la transfusión: por regla general, la propaganda opera siempre a partir de un sustrato preexistente, ya sea una mitología nacional o un complejo de odios y prejuicios tradicionales.

El último sería el principio de la unanimidad, que consiste en llegar a convencer a mucha gente de que lo que ellos piensan es lo que piensa todo el mundo.

PDL: Muy interesante, la verdad. Una duda que tengo es si habría sido posible emprender estas guerras modernas sin elementos de propaganda de cualquier tipo.

AR: Desde mi punto de vista, habría sido totalmente imposible, al menos en la guerra moderna. Estamos en un contexto en el que las guerras implican a toda la población de una nación, por lo que es indispensable que toda la población siga una misma dirección y tenga en mente unas mismas ideas.

Un ejemplo muy esclarecedor es que, a diferencia de la Segunda Guerra Mundial, en la Primera Guerra Mundial, al no ser una guerra con tantísimo componente ideológico (se dio por motivos más bien políticos), hubo que hacer grandes esfuerzos para que la población apoyara el esfuerzo de guerra, además de que fue una guerra de desgaste puro y duro; podemos ver que hubo huelgas, motines… incluso revoluciones. Rusia, al fin y al cabo, acabó teniendo una revolución, en parte a causa de la guerra, además de los problemas internos que ya tenía el zarismo.

PDL: Un tema muy interesante es el de las drogas dentro del contexto bélico. La metanfetamina, que sería el Pervitin (marca alemana), tuvo un papel muy importante dentro de las campañas de la *Blitzkrieg* (guerra relámpago). Una de las dudas que me surgen es la siguiente: ¿habría sido posible invadir Francia, por ejemplo, sin el uso del Pervitin, droga que mantenía a los soldados casi dos días despiertos y con una fuerza sobrehumana, a pesar de que pudiera dejarles en un cierto estado psicótico?

AR: Como bien dices, el Pervitin es un derivado de la metanfetamina que se desarrolló en la Alemania nazi en los años treinta, pero que tuvo un gran protagonismo cuando comenzó la Segunda Guerra Mundial. Sus efectos son los de cualquier otra metanfetamina, principalmente la inhibición del cansancio y la fatiga, una mayor capacidad de concentración, la inhibición del temor, una excitación más elevada de lo usual y una mejora en el rendimiento de las capacidades cognitivas. Esto para un combatiente es extremadamente útil. Ahora bien, en mi opinión, en cierto modo se ha sobreestimado el efecto que tuvo el Pervitin en la Segunda Guerra Mundial. Recordemos que, en la campaña francesa de 1940, en la que se aplicó la guerra relámpago, la doctrina operacional alemana que consistía, básicamente, en penetrar continuamente la línea enemiga sin descanso, requería muchísimo esfuerzo por parte de los soldados alemanes, ya que tenían que realizar larguísimas caminatas, tenían que pasar muchas noches sin dormir… Era muy extenuante. Es cierto que el Pervitin se utilizó ampliamente en esa campaña (y durante toda la guerra, pero, sobre todo, en dicha campaña). Sin embargo, no creo que fuera un componente tan decisivo, a pesar de haber sido útil. Creo que la *Blitzkrieg* podría haberse llevado a cabo de todas formas.

Ahora bien, tenemos por un lado el Pervitin, pero hay que tener en cuenta que los aliados también utilizaron este tipo de sustancias, derivadas también de metanfetaminas. Por tanto, se puede afirmar que su uso era muy común y amplio en todo el contexto de la Segunda Guerra Mundial. De hecho, muchos soldados desarrollaron una gran dependencia, y hubo muchos problemas con soldados en el regimiento o en el pelotón a causa de ello.

PDL: Entiendo que una de las consecuencias que uno se puede llevar a casa de la guerra es la adicción a ciertas sustancias, pero también me queda la intriga de cómo vuelve un combatiente a la vida civil. ¿Vuelve con normalidad? ¿Vuelve de nuevo a ser, por ejemplo, panadero, y vivir una vida de tranquilidad, en la que la violencia no forma parte de su vida? ¿Quedan secuelas, aunque no haya un estrés postraumático en sí mismo? ¿Cambia la forma de ver el mundo?

AR: En la mayoría de los casos, la adaptación a la vida civil sería bastante compleja. Por ejemplo, tras la Segunda Guerra Mundial, hubo muchos casos de adicción a la morfina, porque, en muchas ocasiones, no la suministraban los propios sanitarios, sino que la suministraban compañeros sin conocimientos de medicina, por lo que solían utilizar dosis demasiado altas que podrían generar dependencia y otros tipos de problemas.

Algo muy común también era el alcoholismo, y lo es aún hoy en día, entre los veteranos. Muchos de ellos incluso caen en depresión, porque pasan de estar en un estado de continua supervivencia, en la que la única meta que tiene el cerebro cada día es sobrevivir y hacer todo lo posible por, o cumplir la misión, o ganar la guerra, a no tener que preocuparse más por ello. Una vez acaba todo, se genera una crisis existencial muy fuerte en el combatiente, y eso puede generar, en muchos casos, depresión, alcoholismo, dependencia a las drogas… por no hablar del estrés postraumático, que es muy común en la guerra moderna y en todo tipo de conflictos, que dejan secuelas muchas veces de por vida.

PDL: Durante la Primera Guerra Mundial se empezó a experimentar un fenómeno por parte de los soldados conocido como «fenómeno del dedo rígido». Lo que tengo entendido es que, básicamente, sin entrenamiento militar, la gente no desea matar a otras personas. Como consecuencia, en los ejércitos napoleónicos, por ejemplo, había quien llegaba a cargar el arma dos veces, inutilizándola totalmente, o quien llegaba a disparar por encima de las cabezas (aun así, se formaba una masacre). Es decir, no sé si se debe al miedo que tiene el ser humano de hacer daño o que, en el fondo, el ser humano es bueno. Por otro lado, me gustaría saber cómo evolucionó este síndrome y si se ha resuelto.

AR: En los ejércitos, sobre todo en la Primera Guerra Mundial, hubo muchísimos casos, ya que la mayor parte de combatientes eran reclutas, no eran soldados profesionales. Estos últimos eran un porcentaje ínfimo de los ejércitos. La solución a esto es la profesionalidad. Una vez un soldado ha entrenado y se le ha instruido para cumplir órdenes, es capaz de hacer todo esto.

No obstante, en una guerra mundial o en una conflagración muy extendida hay que reclutar tal cantidad de gente que no basta con profesionales; muchas veces se recluta a campesinos o a personas con trabajos normales, y es muy difícil, mucho más de lo que pensamos, matar a otros seres humanos, a no ser que se sea un psicópata. De hecho, existen muchos casos en los que puede verse esta dificultad. Por ejemplo, se sabe que Hitler combatió en la Primera Guerra Mundial y se ha contado que, en una ocasión, un soldado británico lo tenía a su merced, pudiendo haberlo matado. Sin embargo, no se atrevió a hacerlo. Lo tuvo enfrente, lo encañonó, y no fue capaz. Esto habría cambiado la Historia. Éste es un ejemplo claro de lo difícil que es matar al enemigo cuando se le tiene de frente y se lo ve como a un igual.

De hecho, en los pelotones de fusilamiento británicos, se solía cargar uno de los fusiles con una carga de fogueo, esto es, con munición falsa, y los mismos soldados que componían el pelotón sabían que una de las armas tenía una carga falsa. Era una forma de quitarles cierto cargo de conciencia; de esta manera, los soldados podían pensar que, tal vez, su arma no estaba cargada y que no eran ellos los culpables de una muerte más.

Se trata de algo más complejo de lo que pensamos, ir al combate y matar al enemigo no es fácil. Se ha tenido que estudiar y trabajar muchísimo para que los ejércitos sean realmente eficaces.

PDL: Tras la finalización de la Segunda Guerra Mundial, con las detonaciones de las bombas atómicas por parte de Estados Unidos, vinieron la Guerra Fría, el miedo nuclear… ¿Qué efectos tuvo, en general, la invención de estas armas nucleares?

AR: Como consecuencia de estas armas, por primera vez en la Historia, el ser humano tuvo un miedo real de toda la destrucción que podía llegar a provocar con sus avances tecnológicos. Éste fue el primer impacto que tuvieron las bombas tanto de Hiroshima como de Nagasaki, y fue, sobre todo, un impacto psicológico. Aparte del impacto destructivo que tuvieron, evidentemente.

Sin embargo, todas las potencias de la Guerra Fría, tanto en el bloque occidental como en el bloque oriental, se empeñaron en realizar una carrera armamentística a favor del desarrollo nuclear, por lo que cada vez se fueron desarrollando armas nucleares más potentes. El máximo exponente fue la detonación por parte de la Unión Soviética de la bomba H, a la que también se conoció como la Bomba del Zar, en el año 1961. Ésta ya no era una bomba atómica, es decir, de uranio, sino que era de hidrógeno. Yo no conozco exactamente cómo funciona, pero sí sé que es muchísimo más potente. Tanto que, si la bomba de Hiroshima tenía unos 15 kilotones de potencia, ésta tuvo unos 50 000 kilotones de potencia, es decir, fue 1000 veces más potente que la bomba de Hiroshima, una barbaridad que no podemos casi ni imaginar. Cuando se detonó esta bomba, en el año 1961, fue tal el impacto psicológico que tuvo en todo el mundo que dio pie a las primeras leyes de limitación de armamento nuclear, a ciertos acuerdos de limitación… Es decir, las potencias «beligerantes» (que nunca lo fueron directamente) se dieron cuenta de la capacidad destructiva que habían llegado a tener este tipo de armas y trataron de frenarlo.

El pánico nuclear es un miedo que ha pervivido hasta nuestros días. Hoy en día sentimos ese miedo de manera constante cuando vemos que puede haber una escalada bélica.

PDL: Efectivamente, la gente no ha perdido ese miedo a lo nuclear, a esa destrucción mutua asegurada que tanta ciencia ficción nos ha proporcionado. Esto se refleja, por ejemplo, en la nueva serie *Fallout*, inspirada en una maravillosa saga de videojuegos sobre la supervivencia de un apocalipsis nuclear.

Te quería preguntar también si la guerra en la actualidad, en el año 2024, ha variado en algo. ¿Cómo es la guerra ahora?

AR: Esta pregunta es muy curiosa, y diría que de las más difíciles de responder, porque a toro pasado todo el mundo es sabio, pero en la actualidad estamos viviendo situaciones de guerra que, al ser tan actuales, son muy difíciles de analizar. Lo que se puede decir sobre este tema tiene que ser en base a los conflictos actuales, que principalmente son el de la Franja de Gaza y el de la guerra de Ucrania. En Gaza se está dando una guerra irregular formada por un ejército regular que lucha contra una insurgencia; en la guerra de Ucrania, en cambio, se está dando un combate más «clásico» entre dos ejércitos regulares. Éste es el motivo por el que pienso que esta última puede ser un mayor exponente de las guerras en la actualidad. Creo que esto es algo que nos ha sorprendido a muchos, porque algo muy común es que la gente suele crear una percepción de cómo va a ser una guerra en los años venideros que no se suele corresponder con cómo se desarrolla realmente. Esto pasó también en 1914, ya que todo el mundo esperaba que la guerra fuera de una determinada forma y no fue para nada como creían. Actualmente está ocurriendo algo similar con la guerra de Ucrania: todo el mundo esperaba que en una época tan tecnológica como la que vivimos y con tantos avances, incluso en el campo armamentístico y militar, fuese más «futurista», pero realmente está siendo una guerra de trincheras muy clásica. Lo curioso es que, por un lado, tenemos el horror de la guerra de trincheras que están padeciendo los combatientes en la guerra de Ucrania con unas secuelas muy graves (ya hay muchos casos de estrés postraumático y de suicidios, por ejemplo) y, por otro lado, hay también multitud de nuevos avances tecnológicos como los drones. Éstos han supuesto una revolución, ya que, por primera vez, contamos con un artefacto que puede realizar un reconocimiento casi exacto del campo de batalla sin peligro de sufrir ninguna baja. Además, se están utilizando también como artillería para bombardear de forma sistemática las trincheras en el frente. Antes, para poder bombardear las trincheras había que hacer cálculos artilleros, unas estimaciones que tenían un margen de error; ahora, con los drones, es posible ponerse encima de la trinchera, soltar la bomba y que no se salve nadie.

Estamos viendo, por tanto, una clara contraposición entre lo «tradicional», es decir, la guerra de trincheras clásica, y los avances tecnológicos.

PDL: La última pregunta: aparte de esta nueva forma de combatir, ¿hay también una nueva forma de propaganda? ¿Hay nuevas formas de motivar a la población o de manipularla para que apoye a un bando u otro, o para que quieran alistarse incluso?

AR: Efectivamente, ha surgido un nuevo tipo de propaganda al que ya se le conoce como «propaganda cognitiva», más enfocada a la desinformación, en lugar de a la inducción de ciertas ideas. Es muy curioso que la guerra de Ucrania, a pesar de todos los medios de comunicación existentes y de haber mayores avances tecnológicos que nunca para conocer lo que está sucediendo, es una de las guerras más desconocidas, es decir, estamos recibiendo sólo la información que nos llega por los medios que la manipulan. Hay unos intereses claros de proporcionar a la población unas ideas concretas para que apoye una cierta causa. Esta nueva propaganda echa mano sobre todo de las redes sociales, aunque también, en menor medida, de los medios de comunicación como la televisión. Ofrece noticias manipuladas, cifras que no son exactas… Esto provoca que tengamos una idea distorsionada del conflicto, no es que nos induzcan ciertas ideas, sino que se nos manipula a través de las ideas que se nos transmiten.

El trauma por lo hecho a la fuerza y no por ser víctima de ataques o secuestros en la guerra

No siempre vamos a desarrollar cuadros postraumáticos por las barbaridades sufridas en nuestra piel. En el caso de la guerra, puede haber mucha traumatización por actos inhumanos que nos hayamos visto obligados a realizar, y los síntomas pueden ser peores que símplemente haberse encontrado entre la vida y la muerte.

Nuestra autoestima y autoconcepto van muchas veces vinculadas a los actos que realizamos, y a menos que seamos unos psicópatas sin capacidad de sentir culpa ni empatizar con los demás, los actos de la guerra pueden destruir la humanidad de nuestro autoconcepto.

Se decía que en la guerra cuando un soldado ve al enemigo como un conjunto de personas iguales a él, es decir, personas luchando entre ellas cuando no se tienen ningún rencor real, y comienza a empatizar se transforma en un «mal soldado». Aquí tenemos que entender que para poder hacer según qué actos, ha de realizarse una deshumanización del enemigo. Sin esta deshumanización, los sentimientos de culpa, vergüenza e inhumanidad pueden ser aterradores con el paso del tiempo. Uno de los enemigos mentales cuando se vuelve de estos conflictos puede ser la denominada «culpa del superviviente», en la que la persona siente culpabilidad por ser quien ha seguido adelante y no encontrarse con los que cayeron en combate. Puede ser un cuadro muy insidioso y doloroso a nivel emocional.

Cuando una persona lleva demasiado tiempo con síntomas postraumáticos sin poder manejar los sintomas, puede aparecer el consumo de drogas como un elemento de huida de su realidad. Una huida química, de la cual hablaremos en el siguiente capítulo.

Capítulo 4

La huida química. Drogas y alcohol. Entrevista al psiquiatra Carlos Caso Usero

Carlos Caso Usero

Licenciado en Medicina y Cirugía por la Universidad de Navarra 1977.

Especialista en Psiquiatría por la Universidad del País Vasco 1981.

Actividad Asistencial:

Hospital Psiquiatrico AITA MENNI, Mondragón, 1977-1983.

Hospital Psiquiátrico de Álava 1983-1986.

Red de Salud Mental y Asistencia Extrahospitalaria de Álava 1986-1992.

Servicio de Alcoholismo y Ludopatías de Álava 1992-2013.

COTA: Centro de Orientación y tratamiento de Adicciones de Álava 2013-2022.

Introducción al episodio:

Uno de los motivos que pueden llevar al consumo de drogas, es el deseo de automedicación para paliar un dolor emocional no tratado y que se impone con fuerza en el día a día. Por ello, las drogas y el alcohol se convierten en un salvoconducto cuando la persona no puede aliviar ese dolor emocional de otras maneras más sanas y, eso si, menos rápidas. Se produce entonces la huida química, escapar del dolor emocional del trauma o de otros trastornos mentales utilizando la química.

El componente trágico de este tipo de historias es que, como dijo Jean de la Fontaine, «a menudo encontramos nuestro destino en los caminos que tomamos para evitarlo». La soledad que lleva al alcohol conlleva más vergüenza, conflictos y mucha más soledad, convirtiendo lo que en principio se usa para paliar un dolor emocional en fuente de peores males y el empeoramiento de los síntomas originales. La sensación de soledad evitada con el alcohol se vuelve mucho más fuerte y se acaba acompañando del estigma real propio del alcoholismo.

Unos primeros auxilios emocionales ante situaciones traumáticas, como la guerra, pueden prevenir la sintomatología postraumática que lleva la vivencia de algo tan humano e inhumano como es la guerra. Y recordar que los maltratos o abusos emocionales en la infancia pueden generar similares síntomas de adulto que el volver de la guerra, o incluso peores.

Carlos Caso nos brindará una visión del tema del alcohol y las drogas como sólo un experto veterano puede hacerlo. Siempre con calidez y comprensión.

Episodio entrevista:

Pablo de Lorenzo (PDL): Vamos a hablar sobre alcohol, drogas y sobre cómo nos afectan a los seres humanos. Empezaremos con una pequeña historia para ilustrar la manera en la que las drogas siempre han estado en constante contacto con la humanidad, y, además, hablaremos sobre algo relativamente desconocido, el ergotismo.

Durante siglos, la humanidad se ha visto aquejada de multitud de plagas en las cosechas de los cultivos que utilizaba para alimentarse. Uno de estos cultivos afectados por las plagas fueron los cereales, como el centeno y, en menor medida, el trigo. Estos cereales desarrollaban un parásito fúngico llamado cornezuelo. Éste se adhería a las espigas de estas plantas en el proceso de almacenamiento del grano, y el parásito adquiría un color púrpura, en el que se inspira su nombre. Una vez secadas y preparadas para su consumo, estas plantaciones de cereal infestadas por el cornezuelo se utilizaban para preparar panes y alimentos, por lo que se producía una enfermedad comunitaria derivada de su consumo. Dicha enfermedad se llamaba ergotismo.

El ergotismo, que también se conocía por otros nombres, como «fuego de san Antonio», provocaba unos efectos de envenenamiento que pueden traducirse en alucinaciones, convulsiones y una contracción arterial muy severa, que puede conducir a la necrosis de los tejidos, a su muerte y, en consecuencia, a la aparición de la gangrena, principalmente en el caso de las extremidades. La enfermedad comenzaba a manifestarse mediante un frío intenso y repentino en todas las extremidades, que se convertía después en una quemazón muy aguda. Muchas víctimas lograban sobrevivir, pero quedaban mutiladas; podían llegar a perder todas sus extremidades.

Existía otra variante de esta intoxicación en la que el paciente sufría intensos dolores abdominales, que finalizaban en una muerte súbita. En las mujeres embarazadas, además, se producían invariablemente abortos.

Históricamente, se sospecha también que los antiguos vikingos, cuando se convertían en *berserkers*, es decir, en luchadores que eran insensibles en el combate, lo hacían tras consumir panes y cerveza intoxicados con cornezuelo del centeno.

También conviene comentar que los asirios, en el año 600 a. C., ya utilizaban estrategias de guerra biológica en las que lanzaban cornezuelos del centeno, del tamaño de una cápsula de un medicamento, a los pozos de agua. De esta manera, intoxicaban a las poblaciones que querían invadir y exterminar.

El 16 de noviembre de 1938, el químico suizo Albert Hofmann sintetizó por primera vez en los laboratorios

Sandoz de Basilea, en Suiza, durante un programa de investigación dirigida a descubrir los posibles usos de los alcaloides del grupo ergolina presentes en el cornezuelo del centeno.

El 19 de abril de 1943, este mismo químico realizó un experimento en sí mismo para determinar los efectos de la dietilamida de ácido lisérgico, es decir, el ya citado LSD. Hofmann ingirió deliberadamente 0,25 mg (o 250 microgramos) de la sustancia, una cantidad muy elevada (la dosis mínimamente efectiva está fijada hoy en los 20 microgramos). Se podría decir que ingirió unas 10 o 15 veces más la cantidad mínima. Menos de una hora después, Hofmann experimentó intensas y repentinas alteraciones de la percepción, por lo que pidió a su ayudante de laboratorio que lo escoltara hasta su casa. Como el uso de vehículos motorizados estaba prohibido a causa de las restricciones impuestas por la Segunda Guerra Mundial, debieron realizar el trayecto en bicicleta. En el camino, las condiciones de Hofmann se deterioraron rápidamente; veía a su vecina de al lado como una bruja, pensaba que se estaba volviendo loco y creía que el LSD lo había envenenado. Sin embargo, cuando su médico de cabecera lo examinó, no detectó ninguna anormalidad física, excepto por unas pupilas increíblemente dilatadas. Hofmann se estabilizó y su pánico cesó pronto.

Con esta historia, podemos entender que muchos descubrimientos sobre drogas o sobre ciencia se han dado por casualidad, además de que nada es blanco o negro, y en todo hay, generalmente, un origen muy peculiar. Hasta la cosa más pequeña puede ser muy interesante de descubrir.

Por tanto, en el caso del LSD se obtuvo una sustancia semisintética, ya que su origen es natural.

En esta pequeña aventura que es *La mente y sus cicatrices* intentamos entender mejor el mundo que nos rodea, además de mostrar la realidad sin filtros, con lo bonito y con lo perturbador que a veces puede acompañar a ciertas temáticas.

Este capítulo trata sobre drogas y sus peculiaridades, sobre los estragos que causan y cómo frenarlos. En esta ocasión, tenemos con nosotros al psiquiatra especialista en drogodependencia Carlos Caso Usero.

Carlos Caso (CC): Hola, ¿qué tal?

PDL: Muy buenas. ¿Podrías hablarnos un poco sobre ti y sobre tu trayectoria profesional?

CC: Yo empecé a trabajar, por así decirlo, en Mondragón, en el hospital psiquiátrico Aita Menni, que era sólo de mujeres en aquella época. De ahí pasé a Álava, y empecé a trabajar en lo que era el hospital psiquiátrico, o, como se le conocía antiguamente, el asilo. Ahí estuve trabajando en la zona de hospitalización de mujeres, ya que en aquel entonces había dos sectores: los hombres en una sección y, por otro lado, las mujeres. Luego vino el proceso de desinstitucionalización, que fue lo que provocó la apertura y la salida de la psiquiatría de los hospitales psiquiátricos a la calle.

PDL: Sí, lo que antes se conocía como manicomios, ¿no?

CC: Exacto. Ahí fue cuando se empezaron a crear los centros de salud mental, estructuras intermedias, etc.

En los años ochenta, yo compaginaba el trabajo en el hospital psiquiátrico con un trabajo en un centro de salud mental, el de Zumaquera. Después trabajé en el de Fernández de Leceta, en Vitoria, y posteriormente me ofrecieron trabajar en el servicio de alcoholismo, oferta que acepté.

Además de las consultas externas, había otros dos dispositivos. Uno era el hospital de día de alcoholismo, donde se realizaban las curas de desintoxicación de alcohol, que es el primer proceso de deshabituación, en el que la persona tiene que intentar aprender a vivir sin el alcohol. La otra estructura de la que disponíamos era el centro de día, que era una estructura que, en un primer momento, también hacía las veces de, es decir, se atendía a pacientes con problemas de alcoholismo de muchos años de evolución y que estaban en el hospital psiquiátrico; era un paso intermedio para que pudieran, posteriormente, salir a la calle. Pasaban allí la mayor parte del día y luego iban al hospital, después salían a la calle, etc.

Más tarde, esas tres estructuras se unificaron en una sola, el servicio de alcoholismo como tal. Años después, sin embargo, nos ofrecieron hacernos cargo del juego patológico, esto es, de la ludopatía, así que pasó a ser el servicio de alcoholismo y ludopatía.

Ya en el año 2013 confluyeron el servicio de alcoholismo y ludopatía y el CTT, que era el centro de tratamiento de toxicomanías, con el hospital de día de patología dual, que se podría decir que era el heredero de la comunidad terapéutica de Foronda. Posteriormente, se fueron aunando las distintas estructuras o centros que trabajaban en el ámbito de las adicciones, conformando así el COTA, el centro de orientación y tratamiento de adicciones.

PDL: ¿Cuántos años fuiste director del COTA?

CC: Yo fui responsable del centro de servicio de alcoholismo desde el año 1992 hasta el 2013. Ya en el 2013, hasta hace unos meses, fui corresponsable o responsable del COTA junto con el doctor Víctor Puente. Colaborábamos dos psiquiatras responsables y una enfermera, Anabel Ramírez, también de responsable.

PDL: ¿Desde cuándo dirías que se droga el ser humano?

CC: En mi opinión, desde casi el comienzo de los tiempos. Hay trabajos que indican que en las cuevas ya había fermentaciones que podrían ser bebidas alcohólicas, estaban también los hongos alucinógenos... En varios estudios se data el uso de este tipo de sustancias por parte del ser humano desde hace muchísimo tiempo.

Asimismo, existen evidencias respecto al alcohol que indican que, tanto en Egipto como en China, las bebidas alcohólicas existen desde el año 7000 a. C. En la India, ya un poquito más tarde, en el año 3000 a. C., utilizaban una bebida que se llamaba *sura*. Se trataba, básicamente, de un destilado del arroz.

En lo relativo al opio, por ejemplo, y que se sepa, ya se usaba desde el año 4000 a. C. en Asia Menor, concretamente en la cultura asiria.

PDL: Entonces el uso del alcohol sería más antiguo que el uso del opio, ¿no?

CC: Desde luego.

PDL: ¿Podríamos decir que el alcohol sería la primera droga que ha utilizado el ser humano?

CC: Efectivamente, es la primera droga de la que se tiene constancia. Luego tenemos el opio y, a la par de éste, la cocaína obtenida al masticar la hoja de coca, ya que ha habido hallazgos de vasijas e instrumentos destinados a almacenar la hoja de coca en las costas de Chile y Perú que datan hacia el 4000 a. C. Las evidencias del opio y de la coca van un poco de la mano.

PDL: Y en Latinoamérica, en la época precolombina, ¿había opio?

CC: No, allí tenían la hoja de coca.

Hace ya menos tiempo, en el 3500 a. C., se cultivaba cannabis en el Himalaya, al menos que se sepa; otra cosa sería determinar cuándo empezó realmente a utilizarse como droga. Pero hay constancia de su existencia en esa época.

PDL: Desde tu perspectiva, y simplificando un poquito, ¿cuál sería la droga más peligrosa de todas las que podemos encontrar en la actualidad?

CC: Yo creo que, por la incidencia que tiene en la salud en general, sería el alcohol. Por ejemplo, la OMS indica que cada año hay 3.000.000 de muertes a nivel mundial a causa del alcohol. Concretamente, dentro de esos 3.000.000 se han establecido cuatro apartados: un 30 % sería la muerte por accidentes, caídas, situaciones de violencia, etc. derivados del alcohol; otro 20 % por los trastornos digestivos que acarrea el alcohol; otro 20 % por las alteraciones cardiovasculares causadas por el alcohol; y el resto es una miscelánea de infecciones, cánceres…

PDL: Por lo que parece, el alcohol incide en todas las áreas, ¿no?

CC: Eso es, el alcohol deja huella en todo el organismo.

PDL: Teniendo en cuenta que quizá el alcohol es la droga más peligrosa por su incidencia y por disponibilidad, ¿es también la más adictiva?

CC: No, yo diría que la droga más adictiva, con diferencia y según los relatos de los que la consumen (describen que su efecto es inmediato y que les provoca una sensación realmente placentera), es la heroína. Esto también tiene su explicación, porque la heroína, fundamentalmente (aunque ahora se puede fumar, etc.), penetra por vía endovenosa, es decir, va directamente al cerebro, sin ningún filtro. El alcohol hay que beberlo y, después, tiene que pasar por el estómago, por el hígado… Lleva más tiempo metabolizarlo, y el efecto es más lento.

PDL: Me han preguntado muchas veces acerca del tiempo relativo que lleva a que el deterioro físico más arquetípico de cada sustancia aparezca. Por ejemplo, la cocaína provoca la destrucción del tabique nasal, el alcoholismo la cirrosis hepática…

Me gustaría preguntarte cuál es la mayor afección de cada una de las drogas más conocidas, así como el tiempo aproximado que tardaría en producirse con un consumo elevado y diario.

CC: En lo que respecta al alcohol, un consumo diario y abusivo mantenido durante, digamos, cinco o diez años, provocará que empiecen a manifestarse los primeros síntomas de lo que se conoce como hígado graso, es decir, la grasa se empezará a acumular entre las células hepáticas. Si la persona afectada sigue consumiendo y bebiendo alcohol, del hígado graso pasaremos a la hepatitis alcohólica, que consiste en la inflamación del hígado. Esto se puede detectar en los análisis de sangre, etc.

PDL: ¿Y qué suele indicarlo? ¿Las típicas transaminasas altas?

CC: Sí, transaminasas elevadas, un volumen corpuscular medio elevado, etc.

Si la persona continúa bebiendo a pesar de todo, contraerá una cirrosis hepática, es decir, esa grasa que había en el hígado y que después causa la inflamación se sustituye por fibrosis, por tejido conjuntivo. Esto daría lugar a la insuficiencia hepática. A pesar de que los dos estadios anteriores son reversibles, la cirrosis hepática ya no lo es.

PDL: Se suele decir que el hígado tiene una gran capacidad para curarse. Sin embargo, en este caso ya no podría, ¿no?

CC: No, en el caso de la cirrosis no hay marcha atrás. Lo que sí se sabe es que si, por ejemplo, a la persona que está bebiendo abusivamente se le diagnostica una cirrosis y deja de beber, tiene una probabilidad del 50 % de que la cirrosis se estabilice, es decir, de que no siga avanzando.

PDL: ¿Cuáles serían los daños más visibles que provoca el consumo de la cocaína?

CC: Uno muy llamativo es la interacción con el tabique nasal. Por lo que sabemos, si la persona consume 2 g o más a diario, entre dos y cuatro años después comenzará, por ejemplo, a perder su capacidad olfativa. También presentará hemorragias nasales, y después se formará una necrosis en el cartílago. Finalmente, el tabique nasal acabará perforándose.

PDL: ¿Siempre sigue ese orden?

CC: Sí, eso es. Los efectos de la cocaína también se manifiestan de otras formas, como es el caso de los cuadros de alucinaciones y paranoias, que son muy característicos. A veces se producen por intoxicación de cocaína y la persona se emparanoia durante unos días u horas, e incluso es consciente de que en ocasiones lo que le ocurre no es real; esto se va pasando con el transcurso de los días. Otras veces se desarrolla un cuadro paranoide.

PDL: La persona siente que le están persiguiendo…

CC: Efectivamente.

PDL: ¿Y qué daños orgánicos puede producir la cocaína?

CC: Los daños que suelen aparecer son los cerebrovasculares; puede producir infartos de miocardio, infartos cerebrales, hemorragia cerebral…

PDL: O sea, que tiene un nivel alto de peligrosidad.

CC: Sí, sí, a ese nivel sí, efectivamente. También estarían los cuadros psicóticos que hemos comentado, estados de angustia, etc.

PDL: Por lo que he oído, al mezclar alcohol con cocaína se crea el cocaetileno, que resulta algo más peligroso que estos dos elementos por separado.

CC: Efectivamente, es una molécula conjunta y es mucho más peligrosa y adictiva que cada uno por separado. Es una mezcla potencialmente adictiva y peligrosa.

PDL: ¿Es también más psicoactiva?

CC: Sí.

PDL: ¿Podrías contarnos un poco sobre la anfetamina?

CC: La anfetamina la sintetizó un químico japonés a finales del siglo XIX, y destacó sobre todo por la utilización que hicieron de ella en la Segunda Guerra Mundial, ya que aumentaba la belicosidad de las tropas, concretamente en el caso de los *kamikazes* japoneses. También se empleaba en la industria bélica, pues había que producir una gran cantidad de material militar y había que estar constantemente trabajando. Esto llevó que, al acabar la Segunda Guerra Mundial, se encontraran con un *stock* de anfetaminas muy elevado, y este *stock* se acabó desviando hacia la sociedad civil. Esto ocasionó muchos problemas de delincuencia en Japón, sobre todo en la década de los años sesenta. Finalmente, llegó al área deportiva.

PDL: ¿Te refieres a lo que conocemos como dopaje?

CC: Eso es, el dopaje por anfetaminas para favorecer la resistencia, disminuir las señales de agotamiento que nos llegan… Sin embargo, pronto se observó que había fallecimientos por su uso y, sobre todo, que el organismo no descansaba, porque prácticamente anula esa señal de alarma de cansancio, lo que provoca que los deportistas sigan haciendo deporte o exigiéndole más a su cuerpo. Empezaron a tener lugar los primeros fallecimientos por paradas cardíacas, etc. y, en consecuencia, se implementaron los sistemas de antidopaje.

PDL: Sí, se suele decir que en la URSS había mucho dopaje.

CC: Antes sí, claro.

PDL: ¿Hay alguna otra droga de la que quieras comentar algo?

CC: Me gustaría hablar, por ejemplo, de la ketamina, que es una sustancia que también se sintetizó por aquella época, en el año 1962, y se empleó (y se emplea) tanto en el ámbito veterinario como en el área de la medicina a modo de anestésico. Sin embargo, también ha salido de este circuito y se utiliza como droga. Una de las consecuencias más llamativas que puede tener para el organismo es su sintomatología urinaria. Al principio puede consistir en escozor al orinar, luego notamos que expulsamos sangre por la orina…

PDL: ¿Eso en cuánto tiempo de consumo sucede?

CC: Tras unos seis meses de consumo diario ya podría aparecer y, si el consumo se realiza unas tres veces a la semana o los fines de semana, suele tardar entre unos dos y tres años. Provoca orinar con mucha más frecuencia, aparece dolor en la zona del hipogastrio y en la zona renal… Si esto avanza se llega a una insuficiencia renal, que ya sería lo más grave.

PDL: No suena nada bien… Cambiando un poco de temática, viendo tu amplia carrera profesional, ¿cómo ha evolucionado el consumo de drogas en España desde la heroína de los ochenta hasta el presente?

CC: Puedo hablarte de dos áreas en concreto. Una sería el área de las demandas de tratamiento, su evolución, ya que, en la década de los noventa y los primeros años de los 2000, la sustancia que más demanda de tratamiento ocasionaba era la heroína. Ya en 2004 se empezó a producir una inflexión de las demandas, es decir, empezó a haber menos demanda de tratamientos por heroína, pero empezó a subir de manera muy importante la demanda de tratamiento por cocaína hasta 2008, se podría decir. Luego ya comenzó a aparecer el cannabis de una manera muy importante.

PDL: Las de alcohol se mantienen estables, ¿no?

CC: En este caso estoy hablando de las drogas ilegales, porque ya el alcohol habría que incluirlo en otra categoría.

Empiezan a aparecer entonces las demandas de tratamiento por cannabis, y los datos que hay a nivel nacional indican que en 2019 en primer lugar estaba la cocaína, luego el cannabis y en tercer lugar los opioides (sobre todo el fentanilo, etc.).

En lo que respecta al consumo general, en cambio, se podría decir que la mayor demanda de tratamiento es el alcohol, y, si se hace un histórico, veremos que la demanda se mantiene estable. La heroína siempre tiene porcentajes muy bajos, ínfimos, pero la repercusión que ha tenido a nivel de salud pública a causa de las infecciones de hepatitis C, el VIH, etc. ha sido muy importante.

En lo que respecta al cannabis, en 1997, según estudios realizados a nivel nacional, se consideraba que había un porcentaje de consumo del 1,4 % de la población de entre 15 y 65 años, y ha aumentado en un 300 %, mientras que la cocaína, por ejemplo, entre 1997 y 2022 ha aumentado en un 40 %.

También es cierto que últimamente ha habido un fenómeno de desplazamiento del uso de la cocaína en favor del uso de anfetaminas, porque el coste es muy inferior y el efecto de estimulación, etc. es muy parecido. Las dos actúan en las mismas zonas del cerebro, por ejemplo.

PDL: ¿Una mala salud mental lleva a las drogas o son las drogas las que llevan a tener una mala salud mental?

CC: Para explicar este fenómeno de alteración psiquiátrica o trastorno mental, abuso o dependencia de drogas hay cuatro modelos explicativos. A esto hoy en día se lo conoce como «patología dual», es decir, se trata de dos tipos de alteraciones que coexisten en una misma persona; un individuo puede, por ejemplo, tener un cuadro depresivo y estar abusando del alcohol.

Uno de los cuatro modelos es el modelo unitario; éste considera que tanto el abuso de drogas como el trastorno o la alteración psiquiátrica son dos síntomas de un mismo trastorno.

PDL: Es decir, de algo que hay de fondo.

CC: Eso es.

Luego tenemos el segundo modelo, en el que la alteración psiquiátrica es secundaria al abuso de drogas. Es decir, el individuo empieza primero por «únicamente» usar la droga y después empieza a abusar de ella. El cerebro cuenta con unos mecanismos de neuroadaptación que facilitan que la persona sea más vulnerable a desarrollar una psicosis, un cuadro depresivo…

El siguiente modelo es la automedicación. Según éste, el uso de la droga y, posteriormente, su abuso de ella se debe al malestar que tiene la persona a causa de unos determinados síntomas psiquiátricos.

Es decir, hay una alteración psiquiátrica previa y ésta se automedica con droga (los afectados suelen utilizar frases como las siguientes: «el cannabis me ayuda a dormir», «el alcohol me relaja», «el alcohol me ayuda con la ansiedad social»…).

Según el cuarto modelo, por un lado, tenemos la alteración psiquiátrica y, por otro, está el abuso de drogas, y se considera que cada uno de estos factores aumenta la probabilidad de padecer el otro trastorno, pero sin que haya un factor común.

PDL: Me gustaría hablar un poco también del tema de la cocaína: ¿cómo funciona la cocaína en el cerebro para que provoque tanta adicción?

CC: Sabemos que la cocaína aumenta la liberación de dopamina en el núcleo accumbens, que es una de las dos estructuras nucleares donde inciden las drogas y que forma parte del sistema de recompensa o gratificación. Hay que aclarar que, por un lado, está el accumbens y, por el otro, el área tegmental ventral. Es en el primero donde incide la cocaína, al igual que sucede con las anfetaminas, el LSD…

PDL: ¿Y el alcohol?

CC: El alcohol ya incide en la otra parte, en el área tegmental ventral concretamente. El alcohol actúa sobre el sistema GABA, pero esto también conlleva que haya un aumento de dopamina, es decir, sí que termina liberando dopamina, pero como algo secundario. Esto es también lo que hacen los opiáceos o las benzodiacepinas, los ansiolíticos, los hipnosedantes… Todos éstos también actúan sobre el sistema GABA-érgico.

PDL: ¿Y qué opinas del cannabis y sus riesgos? Parece que hay gente que lo consume de manera cotidiana sin grandes repercusiones. ¿Es cierto que estas personas no salen perjudicadas de ninguna manera?

CC: Para empezar, cabe destacar que el cannabis es la droga más difundida y que más se consume en el mundo. El cannabis, además, se fuma sin filtro, y sus consumidores procuran retener el aire en el pulmón para que haga más efecto. Esto puede ocasionar problemas respiratorios, como una bronquitis crónica o un enfisema pulmonar, y puede incluso favorecer la aparición de cáncer cuando se fuma a diario, de manera abusiva, etc.

Asimismo, a nivel cardiovascular puede ocasionar arritmias, por lo que a las personas que tienen problemas de hipertensión arterial o que han tenido algún infarto de miocardio o angina de pecho, por ejemplo, les puede perjudicar enormemente.

También se relaciona el consumo de cannabis con la aparición de cuadros depresivos y de estados de ansiedad.

Además, se sabe que el cannabis disminuye las capacidades de atención, de concentración, de abstracción y de memoria, lo cual dificulta el aprendizaje. Esto último, sobre todo en el caso de los jóvenes, interfiere negativamente en los estudios.

PDL: ¿Puede acarrear consecuencias irreversibles para el cerebro?

CC: No son irreversibles como tales; se sabe que el cerebro no está completamente conformado a los seis meses de nacer, ni tampoco al año. Necesita años para terminar de desarrollarse, es decir, tenemos el volumen de las neuronas, pero tenemos una especie de «paquetes neuronales» que migran por el cerebro hasta ubicarse en el lugar correcto. Pues bien, se ha visto que el cannabis entorpece ese proceso de maduración cerebral.

Hay una gran controversia en cuanto a si el cannabis produce o no cuadros psicóticos; si se interrumpe o reduce el consumo de cannabis, el cuadro responderá favorablemente. Sin embargo, si se continúa con el consumo de cannabis, la evolución del cuadro no será la deseable, es decir, el individuo responderá peor a las terapias y los riesgos de recaída serán mayores. Como resultado, esto podría llevar al deterioro de dicho individuo.

PDL: ¿Puede compensarse el consumo de cannabis en una persona con síntomas psicóticos si toma antipsicóticos? ¿O el consumo de cannabis echa por tierra cualquier tipo de tratamiento?

CC: La primera premisa que siempre se marca es que hay que interrumpir el consumo de tóxicos cuando empezamos con un tratamiento psicofarmacológico. Cuando el paciente está en el hospital eso es fácil de cumplir, el problema es cuando sale del hospital y va a su casa, cuando sale con sus amigos consumidores… en esos casos, la respuesta del paciente siempre será peor.

En cuanto al tema de la esquizofrenia, en relación con el cannabis, se sabe que esta enfermedad aparece más precozmente si la persona es fumadora de cannabis; se podría decir que es más vulnerable y que el cannabis la «desata» antes. Además, cuanto antes aparece esta enfermedad, más complicado es su curso y más empobrecedora será para la persona.

PDL: Cambiando un poco de tercio, me gustaría preguntarte sobre la ludopatía. Aunque no hay una sustancia como protagonista, ¿por qué nos engancha el juego a los humanos?

CC: Nuestro cerebro responde al juego de la misma manera que responde al consumo de anfetaminas o de cocaína, es decir, la dopamina se dispara. Si esto se vuelve un acto repetitivo, podemos desarrollar un cuadro de dependencia al juego. Asimismo, en el juego influye la precocidad de la ganancia. El juego más adictivo es aquel en el que la ganancia es inmediata. Tenemos como ejemplo las máquinas tragaperras, que de forma clásica han sido el primer juego de demanda de tratamiento. Pasa lo mismo con la ruleta o con los juegos de cartas.

PDL: Hay gente que ve como algo paradójico el hecho de dejar las drogas con apoyo farmacológico. ¿Es posible salir de las adicciones sin depender después de antidepresivos o fármacos similares?

CC: Hay que considerar, por un lado, el nivel de adicción que tiene la persona, es decir, una adicción puede ser de carácter leve, moderada, grave o muy grave. He visto casos de adicción leve con un gran abuso de alcohol y con un quebranto marcado en su vida personal, social y laboral, pero que, sin embargo, cuentan con un nivel de adicción leve y han podido salir con apoyo de la familia, trabajando mucho la motivación… y sin necesidad de utilizar psicofármacos.

No obstante, en problemas de adicción más severos puede ser necesario utilizar medicación, por ejemplo, cuando hay un nivel de dependencia alta y se desarrolla un cuadro de abstinencia.

PDL: ¿Cómo se utilizaría la medicación para deshabituar a una persona alcohólica?

CC: En un primer momento, lo que se hace es la cura de desintoxicación, es decir, se sabe que cuando se interrumpe el consumo de alcohol, si éste era muy importante, empieza a aparecer un cuadro de ansiedad, de inquietud, de no dormir bien… y cada vez la persona está más ansiosa, más nerviosa, con temblores, náuseas… Sabemos también que si no interrumpimos ese cuadro y dejamos que se desarrolle, como pasaba hace muchos años, se podría llegar a un *delirium tremens*, esto es, se entra en un estado confusional con alucinaciones, deshidratación, alteración de los iones, de los electrolitos… Y esto lleva al fallecimiento de la persona. Es más, en aquellas épocas en las que no había fármacos como los actuales, un vasito de vino venía muy bien. En más de un hospital se daba un vasito de vino al paciente (que contaría como modelo de automedicación) para ayudarle a pasar ese cuadro de abstinencia. Sin embargo, en estos casos sí que hay que emplear medicación, porque los riesgos son muy altos. Asimismo, hay que dar al paciente un soporte de vitamina B1, porque cuando se produce este cuadro de abstinencia los depósitos de vitamina B están muy bajos y podría desarrollarse una encefalopatía o algo similar. La encefalopatía de Wernicke dura unos días, pero, si no se trata, puede llegar a padecerse el síndrome de Korsakoff, y éste sí es irreversible, provocando permanentemente una alteración de la memoria importante, así como desorientación.

Como consecuencia, la persona queda con un estado de deterioro importante, ya que se trata de un tipo de demencia; de hecho, en el pasado se la conocía como «demencia de Korsakoff».

Al hilo de la pregunta de los psicofármacos, es posible que sean necesarios en una primera etapa y después ya no. Esto dependería del cuadro que acompañe al de la adicción.

PDL: Para terminar, ¿cuáles dirías que han sido tus experiencias profesionales más gratificantes?

CC: Pues, siguiendo con el tema de la demencia alcohólica, del Korsakoff, etc., recuerdo un caso de hace muchos años, cuando estábamos en la plaza de la Zumaquera, que trajeron a una mujer que necesitaba compañía; de hecho, le habían buscado una empleada para que la llevara a la consulta y estuviera con ella en casa. La mujer tenía una edad madura, pero no tenía por qué desarrollar demencia, alzhéimer o algo parecido y, sin embargo, daba la impresión de tener algo similar al alzhéimer. Se trataba de una demencia alcohólica: era incapaz de ir de su casa al centro (habría unos 400 metros) sola, si la acompañante la dejaba en la puerta entraba siempre por la puerta equivocada…

Este tipo de casos son gratificantes, porque se puede ver cómo cuando la persona interrumpe el consumo de alcohol (las demencias alcohólicas pueden ser reversibles), con el tiempo nuestras neuronas se van ayudando unas a otras, van supliendo esos déficits cognitivos y van recuperando su función, la memoria mejora… De esta manera, la persona puede volver a hacer cosas por sí misma, como pasear sin ayuda, cocinar o realizar tareas en el hogar.

PDL: Por último, ¿hay alguna reflexión que te gustaría aportar?

CC: Cuanto más tardemos en entrar en contacto con el alcohol y las drogas, menos riesgo tendremos de padecer cualquier tipo de problema. Lamentablemente, la edad de inicio del consumo tanto del alcohol como de las drogas se está acortando, y ya hay jóvenes de 12 o 13 años que se inician en el consumo tanto de alcohol como de cannabis. Cuanto antes se empiece a consumir, mayor será el riesgo de desarrollar una dependencia a cualquiera de estas sustancias, y la influencia que tendrán éstas sobre el desarrollo cerebral será mayor también, afectando además a los estudios y al futuro del individuo.

Una mochila que genera parálisis y culpa

El consumo de drogas puede transformarse en un círculo infinito de culpa y repetición del consumo. No es inusual que la persona que consume una sustancia para encontrar un punto (precario) de equilibrio tenga una vergüenza y desprecio importante hacia su conducta.

Esta vergüenza y desprecio hacia los mecanismos externos de autorregulación se suman a la mochila de cargas traumáticas de la persona, confirmando los peores conceptos internalizados sobre sí mismo (debido a aprendizajes tóxicos y falsos sobre la propia valía).

Es importante que la persona sea consciente de por qué realiza los consumos que realiza. Esta toma de conciencia, si se hace desde la comprensión, cariño y aceptación, puede lograr que el peso que lleva la persona no sea tan grande, ya que al menos no se torturará con sus conductas, sino que las verá como algo entendible en una historia en el que el consumo aparece como elemento que atenúa el dolor del trauma. Puede parecer que esta aceptación compasiva del propio consumo provocaría un consumo mayor al no tener la barrera de la culpa, pero no es así. Si el consumo no genera una vergüenza y culpa asfixiantes, la persona tendrá más facilidad para no consumir, ya que el peso de la mochila que las sustancias aligeran es mucho menor al no autotorturarse.

Capítulo 5

Parcuve: pánico, ansiedad, rabia, culpa y vergüenza. Entendiendo el apego y el trauma. Con Manuel Hernández

MANUEL HERNANDEZ PACHECO (1966) es licenciado en biología y psicología por la Universidad de Málaga. Es presidente de la Asociación Española del Trauma Psicológico (AETPS). Alterna su actividad como psicólogo sanitario en su clínica de Fuengirola (Málaga) con la docencia como ponente nacional e internacional. Es creador de su propio modelo terapéutico: PARCUVE con sedes en España, Argentina, México, Centroamérica, Chile y Perú, donde integra diferentes aspectos de la neurobiología, el apego y la psicopatología para ayudar a superar los traumas psicológicos.

Es autor de los libros *Apego y Psicopatología, ¿Por qué la gente a la que quiero me hace daño?, Apego disociación y trauma, El trastorno obsesivo-compulsivo una adicción al pensamiento* y *Como reconocer y superar las relaciones tóxicas y la dependencia emocional.* Publicados todos por la editorial Desclée de Brouwer.

Introducción al episodio:

Hay muchos modelos psicológicos para explicar el comportamiento humano y su dolor, desde las concepciones psicoanalíticas, hasta la rama cognitivo conductual y las terapias enfocadas en el trauma. Manuel Hernández, desde su visión con una gran influencia de la biología, presenta PARCUVE, un modelo integrador que tiene en cuenta multitud de aspectos relacionados con el trauma, eventos biológicos estudiados en el ser humano y animales así como elementos de valor de otros modelos teóricos.

Uno de los aspectos más interesantes del modelo PARCUVE es que permite ser utilizado en psicoterapia. Este modelo permite dar una explicación compasiva frente a otros modelos que pueden revictimizar a las personas que presentan trauma simple y complejo. Vamos a enfocarnos detenidamente en lo que nos cuenta Manuel Hernández.

Episodio entrevista:

PDL (Pablo de Lorenzo): En este capítulo indagaremos en el trauma, el apego y en cómo nos relacionamos y sufrimos a través de una entrevista con el biólogo y psicólogo Manuel Hernández Pacheco, creador del modelo PARCUVE, un modelo excelente para trabajar y entender el trauma. Manuel es, además, presidente de la Asociación Española del Trauma Psicológico.

El modelo PARCUVE conceptualiza el trauma de una manera un poco distinta. Apartándonos un momento de este modelo, ¿cómo conceptualizas el trauma?

MH (Manuel Hernández): El trauma es una situación que supera nuestra capacidad de respuesta. Tras haber vivido un trauma es posible que el individuo que lo vive se vuelva más fuerte o más resiliente, pudiendo aprender de la experiencia. Sin embargo, también puede ocurrir lo contrario, es decir, que el individuo experimente un daño a diferentes niveles, por ejemplo, a nivel somático, con ansiedad; a nivel emocional, teniendo de pronto situaciones en las que pierde el control y no se reconoce a sí mismo o se esconde en lugar de enfrentarse a los sucesos; y a nivel cognitivo, teniendo creencias negativas sobre sí mismo o sobre los demás.

PDL: ¿Podrías explicar en qué consiste el modelo PARCUVE?

MH: El nombre del modelo PARCUVE tiene su origen en un acróstico. La «P» viene de «pánico»; éste está relacionado con el apego. La «A», es decir, la «ansiedad», está relacionada con el miedo, que no es lo mismo que el pánico. El pánico está relacionado con ciertos neurotransmisores, como el glutamato, y con ciertas áreas cerebrales y ciertas áreas del sistema nervioso pensadas para que, cuando perdamos una vinculación emocional con alguien el sistema empiece a enviar señales de peligro y provoque que se quiera recuperar ese vínculo.

La ansiedad, es decir, el miedo, es distinto; el miedo está relacionado con otros órganos y con el famoso cortisol... Después aparece la «R» de «rabia»; la rabia es muy particular, ya que puede dirigirse hacia el exterior o hacia el interior del individuo. Asimismo, siempre que se activan el pánico y el miedo se activa la rabia.

PDL: Hacia el interior, ¿no es así? ¿O más bien hacia el exterior?

MH: Depende, en algunas personas puede dirigirse hacia el exterior de manera constante, ya que son narcisistas, psicópatas, agresivas... Y en otras personas, en cambio, puede dirigirse hacia el interior, como en los casos de cuidadores compulsivos, personas con poca autoestima o con depresión...

PDL: Es decir, se culpan a sí mismas de lo que les ha ocurrido.

MH: Eso es. No obstante, también hay casos en los que la rabia es oscilante, como en el trastorno límite de la personalidad, ya que en ocasiones estas personas se ven a sí mismas como sus peores «enemigas» y, en otros momentos, la dirigen hacia los demás.

Todo esto son sistemas biológicos que compartimos con todos los mamíferos, porque están pensados para asegurar la supervivencia y la reproducción. Sin embargo, el ser humano desarrolló dos emociones muy complejas: la culpa y la vergüenza. Sirven para poder sostener las vinculaciones en grupos más pequeños. La culpa está relacionada con lo que yo hago o he hecho y la vergüenza con lo que yo soy. De ahí viene el PARCUVE.

PDL: ¿Y en qué se diferenciaría el modelo PARCUVE de otros modelos? ¿Es otro modelo más?

MH: No se diferencian en nada, ya que el modelo PARCUVE adopta otros modelos y los integra. Provengo del campo de la biología, soy ecólogo. Para explicarlo mejor, voy a poner un ejemplo de mi campo. Si tenemos un lago, el botánico buscará las plantas, el ictiólogo buscará los peces, el microbiólogo observará las bacterias y el ecólogo lo juntará todo y lo clasificará como un lago oligotrófico de la zona de montaña.

En el campo de la psicología hago lo mismo, es decir, cojo partes de la mentalización, del EMDR, de la psicodinámica y de la terapia cognitivo-conductual y lo uno todo para ayudar a otras personas. Al parecer, funciona, ya que cada vez tenemos más alumnos y practicantes, y cada vez están más contentos.

Algo muy bonito que me dijeron hace poco unos compañeros de México fue que no sólo han podido ayudar a sus pacientes, sino que ellos mismos han cambiado como personas, entendiendo muchas cosas de sí mismos y sintiéndose mucho mejor.

Hay que tener en cuenta que, aunque vengo de la biología, después estudié psicología, que proviene de la filosofía, y ésta está basada en diferentes modelos donde uno puede ser real y el otro, por tanto, puede no serlo. Es decir, no se puede ser empirista y racionalista al mismo tiempo. Éste es el motivo de que creara un nuevo modelo que integra todo.

El gran problema de la psicología es que si, por ejemplo, un paciente acude a un psicólogo cognitivo-conductual, éste le dirá una serie de cosas, mientras que, si va a otro psicólogo de otro modelo, éste le dirá cosas diferentes, y esto no hace más que confundir a los pacientes.

PDL: Esto sería lo que se conoce como un modelo integrador, ¿no?

MH: Ésa es mi intención, sí.

PDL: Escoge un poquito de todo; de lo bueno lo mejor. Me surge también otra pregunta; ¿por qué el ser humano sufre tanto?

MH: Es una pregunta muy interesante. Todos los animales sufren al encontrarse en una posición en la cual hay un peligro inminente.

Sin embargo, muchos animales sociales también padecen otro tipo de ansiedad, ya que tienen la necesidad de pertenecer a un grupo.

En el ser humano, no obstante, se da también un tercer nivel, ya que, al tener cognición sufre por lo que ocurrió en el pasado y por lo que puede ocurrir en el futuro. Por eso sufrimos tanto y padecemos tantas patologías que el resto de animales no comparten.

PDL: Según el modelo PARCUVE, ¿cómo afectaría al individuo el maltrato psicológico por parte de iguales?

MH: Recalcar que no es lo mismo que el maltrato provenga de un vecino que de un progenitor. Cuando el maltrato proviene de personas en las que el individuo ha confiado y esa confianza se rompe de forma traumática o se da un abuso sexual el sistema se desbarata. No estamos preparados para que las personas del propio grupo que nos tienen que cuidar y sostener sean las mismas que nos maltratan.

PDL: Es decir, ¿cuanto mayor es la vinculación, mayor es, por tanto, el daño?

MH: Sin ninguna duda. El daño emocional sólo lo pueden provocar las personas a las que queremos.

PDL: Claro. Por ejemplo, en una guerra se da por hecho que el enemigo es quien nos ataca, y esto no afectará a la concepción que tenemos de nosotros mismos, pero si el «ataque» proviene de nuestros progenitores, no podremos entender el motivo y esto nos provocará un gran daño.

MH: Eso es; imaginemos que estamos en una trinchera y nos atacan, y de pronto vemos que nuestro compañero nos apunta. Es algo que no podemos concebir, ya que luchamos contra un enemigo común y necesitamos haber creado un vínculo con nuestro compañero para protegernos.

Si se produce una fractura en el cuidado y la atención, el ser humano, sobre todo si se trata de un niño, no puede crear una identidad adecuada. El ser humano funciona mediante un sistema de espejos; observamos a los demás para saber cómo nos sentimos y quiénes somos.

PDL: ¿Por qué genera tanto dolor y secuelas el maltrato psicológico? ¿Por qué no somos capaces de digerirlo de una manera más sencilla?

MH: Primero hay que comentar que el maltrato puede ser de cuatro tipos: negligencia (que nos ignoren), abuso sexual, abuso físico y abuso psicológico. Sin embargo, conviene saber que en el abuso por negligencia y en el abuso sexual y físico ya está incluido el psicológico.

¿Por qué nos hace tanto daño el maltrato psicológico? Porque necesitamos, como ya hemos comentado, pertenecer a un grupo. La función de cualquier ser vivo es sobrevivir y reproducirse, y el ser humano necesita vincularse para sobrevivir.

En la actualidad vivimos en pisos enormes, solos, pero se trata de algo muy reciente. Desde hace cientos de miles de años vivíamos en grupos pequeños de recolectores donde la supervivencia estaba totalmente condicionada a que el grupo nos sostuviera. Una muestra de esto es que se ha encontrado un entierro de una persona en el que se ha visto que se le realizaron curas en una pierna; es el primer dato que tenemos de un ser humano cuidando de otro.

PDL: ¿Estamos hablando de unos seis milenios?

MH: Unos 200.000-300.000 años. A pesar de que el chimpancé es la especie más cercana al ser humano socialmente y demás, no puede hacer lo mismo. Si hay un chimpancé herido, tratarán de ayudarle a escapar, pero no van a reparar esa herida.

PDL: Me surge la duda de si se puede abordar cualquier trastorno psicopatológico con el método PARCUVE o solamente el trauma.

MH: Realmente no se trataría de un método, yo prefiero definirlo como método y modelo. Ambas opciones son correctas, ya que el método es una forma de intervención y el modelo es una forma de entenderlo. Por ejemplo, el psicoanálisis es un modelo extremadamente complejo, pero la intervención es problemática, porque tarda cinco años en resolver los problemas; si alguien tiene un ataque de pánico en el diván necesitará ayuda urgente. Es un gran modelo, pero, como método, personalmente tengo otra opinión.

El EMDR en mi opinión es, por ejemplo, un método, ya que es una forma de intervención fantástica, pero como modelo, desde mi punto de vista, no llega a comprender de dónde viene el problema. Para mí gran parte de los trastornos psicopatológicos vienen determinados por una forma de intentar adaptarse a algo que no está funcionando.

Si un niño de ocho años tiene unos padres que se están divorciando, es muy probable que tenga trastornos de atención y de hiperactividad, porque es la manera que tiene de adaptarse a un mundo donde las cosas no están funcionando como deberían. Lógicamente, siempre habrá niños más despistados y niños que sean más hiperactivos, pero si vemos que su comportamiento se sale excesivamente de lo normal habría que realizar alguna valoración para saber si hay algún daño neurológico. No obstante, la mayoría de las veces nos encontraremos con que hay problemas en casa.

En la adolescencia volvemos al tema de la identidad; se dan una serie de cambios sexuales, físicos, etc. y la prioridad ya no son las figuras de apego, sino los iguales, es decir, los amigos. ¿Qué ocurre en ese momento? Si las estrategias que el adolescente aprendió de niño en casa no son adaptativas para relacionarse con sus iguales, tendrá mucha ansiedad.

PDL: ¿Qué es lo que podría haber aprendido en casa, por ejemplo, que no le ayude a hacer amigos?

MH: Podría ser, por ejemplo, que solamente es valioso si estudia, que nadie le haya enseñado a relacionarse con los demás o que tiene que ser muy cuidadoso para no molestar a nadie y que los demás no se enfaden.

PDL: Claro, de ser así, tendremos un adolescente temeroso que no se abrirá con facilidad y que tendrá miedo a que le puedan rechazar por creer que es valioso únicamente si hace algo en concreto, como estudiar. Es decir, no cree que sea válido por sí mismo, por lo que es.

MH: Eso es, son adolescentes que piensan que no pueden confiar en nadie y que los demás tienen que estar a su servicio.

PDL: Pero eso ya sería en el caso de un narcisismo, ¿no es así?

MH: Eso es. Creen que no son valiosos y que si alguien lo descubre les abandonará, por lo que, para que eso no pase, tratan de reducir la autoestima del otro. No tienen por qué hacerlo de manera consciente, pero son casos en los que, si rascamos un poco, vemos rápidamente que son individuos que carecen de autoestima y de confianza en sí mismos.

PDL: Sí, hay mucha gente con rasgos narcisistas que necesitan proyectar algo para que los demás se lo devuelvan y poder crecerse. Esto se debe a que no lo pueden generar por sí mismos.

MH: A eso lo llamamos «equivalencia psíquica». Sólo existo si estoy en la mente del otro.

PDL: ¿Cómo un espejo?

MH: Algo así. Estas personas, cuando tengan ansiedad con, por ejemplo, 12 o 13 años, no van a saber resolverla. Normalmente, la resolvamos con conexión: vamos con nuestros amigos, nos apoyamos mutuamente, tenemos un grupo del que formamos parte, etc. Sin embargo, si esto no es suficiente o hay problemas en el grupo, el individuo se acabará yendo con quienes cree que no le van a juzgar, esto es, los compañeros que faltan a clase y fuman porros. De esta manera, es posible que comience a tomar drogas, a tener problemas con la comida, a desarrollar un rendimiento compulsivo o un TOC... Son formas de mitigar el malestar. A corto plazo funcionan, pero a medio plazo son desastrosas. Como consecuencia, cuando pase un tiempo, el adolescente tendrá varios problemas: el trastorno, lo que hace para resolver el malestar y el propio problema, que obviamente no se habrá resuelto.

Por tanto, en la adolescencia empiezan a enraizar los trastornos de personalidad, se establece la forma de relacionarse con los demás y se desarrollan los trastornos de conducta, es decir, lo que el adolescente hace para sostener el malestar y la ansiedad.

A los 22 o 23 años hay otro momento crucial en la biología del ser humano, y es que el lóbulo frontal se cierra, es decir, madura. Es ahí cuando podemos encontrar nuevas patologías, que es lo que yo conozco más como alostática, es decir, las estrategias que el individuo ha seguido no son suficientes, llega a esa edad en la cual ya tiene una visión de futuro y de que debe estudiar y, después, trabajar (es muy común que estas personas se arrepientan de no haber terminado los estudios, fuman porros y quieren dejarlos, pero no pueden…).

Los trastornos que aparecen más frecuentemente en esta etapa son ataques de pánico, depresión, TOC severo, en ocasiones brotes psicóticos, etc.

Tenemos, en resumen, dos tipos de trastornos: el trastorno de personalidad e identidad, que se está viendo mucho en la sociedad actual con problemas de identidad sexual y similares (todos los hemos tenido en la adolescencia, pero, si no se resuelven, se pueden ver muy agravados), y los trastornos de conducta. Si un adolescente comienza a desarrollar algún trastorno, después será muy difícil revertirlo.

PDL: Claro, se suele decir que cuando un árbol crece torcido es difícil volver a enderezarlo.

MH: Claro, en el caso de un olivo recién plantado es muy fácil conseguir que crezca recto, pero no ocurre lo mismo con uno de varios años.

PDL: ¿Y qué opinarías de la frase «todo es trauma si rascas un poco»?

MH: Es real, de hecho, el nacimiento mismo es un trauma.

PDL: ¿El propio nacimiento?

MH: Claro, estamos en un lugar confortable y caliente, donde tenemos comida… Y, de pronto, nos sacan a otro sitio con mucha luz, nos colocan boca abajo, nos azotan, sentimos hambre, en ocasiones no sale leche del pecho… Y, no obstante, no es algo negativo, ya que el trauma es bueno si se encuentra dentro de la capacidad de respuesta del individuo.

El problema se da cuando no somos capaces de otorgarle un significado adecuado a aquello que estamos viviendo, o bien no somos capaces de organizarlo de una manera adecuada.

PDL: Se trata de darles un sentido, ¿no?

MH: Eso es, el trauma no es malo en sí mismo. De hecho, muchos de los grandes psicólogos de la actualidad cuentan con historias de trauma terribles, y casi todos han pensado en suicidarse en algún momento de sus vidas.

PDL: ¿Crees también que, por ejemplo, los temas psicóticos están relacionados con el trauma, o es más bien algo biológico?

MH: Yo creo que debemos extinguir ese paradigma de lo biológico y el trauma. Todos tenemos unos patrones genéticos que determinan muchos trastornos. Por ejemplo, en el caso del TOC, hay niños que con cuatro años ya tienen tics o empiezan a hacer rituales, porque tienen mucha dopamina. Sin embargo, en mi opinión, dependerá del ambiente en el que crezca que ese trastorno se termine desarrollando o que se pueda evitar o reconducir. No es lo mismo tener un brote psicótico en un pueblo, donde hay un entorno social que sirve de apoyo y donde es posible salir a dar un paseo por un bosque o ir al huerto, que tenerlo en una ciudad grande, donde la persona afectada está condenada a pasar todo el día encerrada en casa.

PDL: Como si estuviera en una jaula, prácticamente.

MH: Claro. De hecho, hay una psiquiatra estadounidense que ha creado lo que se conoce como modelo diátesis-estrés, según el cual contamos con una base genética que determina la probabilidad que tenemos de desarrollar ciertos tipos de trastornos, pero, además, el ambiente familiar y social va a provocar que éstos se amortigüen o se amplifiquen. Por tanto, insisto en que debemos descartar el modelo biológico-ambiental. Creer que una medicación puede resolver un trastorno psicológico de la misma manera que lo hacen las vacunas con enfermedades como el coronavirus es erróneo. Por eso existimos los psicólogos, y cada vez tenemos más trabajo. De la misma manera, tampoco podemos pensar que un tratamiento psicológico va a resolver ciertos trastornos por sí mismo y sin ayuda de la farmacología.

PDL: Manuel, ¿podrías sintetizar un poco el funcionamiento de la vinculación en los primeros años de una persona en relación con las secuelas que puede dejar de por vida?

MH: Lo primero que hay que tener en cuenta es que, para que tanto el cerebro como el sistema nervioso maduren y para que se produzcan las conexiones neuronales y que los órganos crezcan, tiene que haber una figura de apego a modo de estímulo, ya que el tacto, la prosodia (es decir, el tono de voz de los progenitores), las miradas, los juegos, los límites, etc. estimulan ese crecimiento neuronal. Todo esto se da a lo largo de varias etapas evolutivas. Durante el primer año de vida, el 80 % del tiempo el bebé juega con su madre (durante este primer año, la mamá es más importante que el papá). Tras el primer año de vida, el padre adquiere una mayor importancia, porque el niño empieza a andar y es el padre quien debe regular la exploración del niño poniendo límites. Mientras tanto, la madre se centrará más en el cuidado. Se da de esta manera debido a que somos mamíferos, más allá de que haya variables culturales que puedan provocar que esto cambie de un lugar a otro. Si esto no tiene lugar, el cerebro no podrá madurar. En la actualidad contamos con técnicas mediante las que podemos analizar el cerebro por dentro sin necesidad de abrirlo. Gracias a ello, hemos podido ver que hay quien tiene el órgano más pequeño, quien tiene cierta falta de materia blanca (que son los axones de las neuronas) o quien tiene un cerebro que está muy desviado de lo que se consideraría un funcionamiento normal, y podemos ver niños con problemas de comportamiento o de conducta, niños excesivamente hiperactivos o excesivamente parados… Cuando un niño nace, se le hace la prueba del llamado reflejo de Moro: se le agarra, se le da un golpecito y se le deja caer un poquito para comprobar si reacciona adecuadamente. Si su reacción es demasiado brusca, significa que hay un problema de hiperactividad. Sin embargo, si el bebé se queda demasiado parado, quiere decir que está hipoactivo y que puede tener problemas.

El primer año de vida, si se deja al niño con su madre en una habitación y se le dice a ésta que salga y, después, que vuelva, en el reencuentro no se analiza cómo se siente el niño, porque todos los niños reaccionan llorando, sino que se observa el tipo de apego que éste va a tener el resto de su vida.

PDL: Y este tipo de apego que ha desarrollado y que, además, es observable, ¿tiene que ver con sus vivencias? ¿O es biológico?

MH: La respuesta es la misma que lo que hemos comentado antes: se trata de ambas cosas. El apego funciona a modo de amplificador o de reductor. Siempre habrá niños más nerviosos y niños más tranquilos; habrá niños que dibujan peor y otros que mejor… Por poner un ejemplo, si un niño es un gran dibujante y le encanta el arte y, sin embargo, sus padres le obligan a estudiar derecho, es muy probable que esa capacidad se atrofie o que, incluso, el individuo se sienta frustrado por no poder desarrollar sus inquietudes. Vuelvo a insistir; hay que abandonar esa separación entre genes y ambiente; ambas cosas van de la mano. Y ahora con la epigenética mucho más, porque, gracias a ella, sabemos que las condiciones ambientales determinan que unos genes se expresen más que otros. Con lo cual, si una persona, de por sí, tiene tendencia a generar dopamina y a tener tics o TOC y, además, sus padres son muy agresivos o coercitivos, o bien están muy obsesionados con las tareas, la propia genética provocará que el individuo cada vez genere más dopamina, agravando el problema.

PDL: Me gustaría saber si existen mitos sobre el trauma en general que puedas explicar o desmentir.

MH: Hay uno que es un clásico: «Yo no he tenido ningún trauma». Eso no es cierto. Hay tres grandes momentos traumáticos en la vida de todas las personas: el primero es a los cuatro años, cuando el cerebro del niño se separa del de sus cuidadores, ya que hasta los cuatro años el niño cree que lo que piensa es lo mismo que piensan los demás y que los demás pueden saber lo que él piensa. No obstante, a los cuatro años debe crear su propia identidad. Si esto no ocurre, se generarán errores de mentalización, como la equivalencia psíquica que hemos mencionado antes, según la cual el niño no podrá separarse de los demás, convirtiéndose en una persona con trastorno límite de la personalidad, dependencia, agresividad… Otro momento traumático es la adolescencia, de la que ya hemos hablado, y el tercero es a los 23 años, que es cuando se crea esa identidad y ya se es adulto. El mito consiste en creer que solamente hay trauma cuando peligra la vida, cuando se tiene un aborto, etc. En relación con esto último, existen personas que dicen haber tenido un aborto sin que les haya afectado, y, no obstante, eso es imposible, porque, biológicamente, se está luchando contra la vida. Que conste que yo estoy a favor del aborto, pero hay que entender que cuando hay un aborto hay un trauma, por mucho que haya sido voluntario.

PDL: Yo creo que eso es un poco la conceptualización general que se tiene en la actualidad: o ha habido un abuso sexual, un atentado terrorista, una guerra, etc., o no hay trauma.

MH: Cualquier tipo de trauma en el que hay un antes y un después y en el que además aparecen síntomas que provoquen insomnio, cambios en la personalidad… Sin embargo, estos traumas pueden haber tenido lugar por, por ejemplo, no haber podido desarrollar ciertas aptitudes, porque los progenitores del individuo lo obligaban a jugar al fútbol, a pesar de que éste lo odiara…

PDL: Sí, o de no sentirse visto si no cumple ciertas expectativas.

MH: Eso también es muy traumático, pero no queda tan reflejado dentro de la memoria episódica, por lo que muchas veces al paciente le cuesta contarlo con pelos y señales. Esto puede solucionarse gracias al método PARCUVE, ya que contamos con técnicas para buscar en la memoria inconsciente. Podemos rescatar esos momentos traumáticos a los que la memoria consciente no puede acceder.

PDL: ¿Algún otro mito más que puedas comentar acerca del trauma?

MH: Podríamos hablar, por ejemplo, de lo que se suele decir de que el trauma desaparece con el tiempo. Esto no es cierto, ya que las áreas emocionales viven en un eterno presente, las áreas subcorticales, con lo cual, cuando alguien sufre un trauma con ocho años, aunque pase el tiempo y ya tenga 40 años, ese trauma seguirá ahí, porque las memorias emocionales lo registran como si siguiera ocurriendo. Esto tiene una función que consiste en aprender que, si algo nos ha hecho daño, puede volver a hacérnoslo.

PDL: Sí, es una pérdida de la seguridad, por decirlo de alguna manera.

MH: Lo que ocurre, sobre todo, es que la energía que invertimos en sobrevivir ya no la tenemos para vivir. Con lo cual, un trauma puede quedar anclado y seguir existiendo, a pesar de que pasen los años, determinando, además, el comportamiento actual de la persona.

El tercer mito del trauma es que no todo es trauma. En la actualidad contamos con un paradigma según el cual, si se produce un impacto emocional en la infancia o en la edad adulta, el cerebro cambia, produciendo una serie de daños. Se trata de un paradigma fantástico, pero, en mi opinión, estamos abusando de él, ya que ahora todo el mundo busca traumas. Lo importante no es eso, lo importante es quiénes somos después del trauma. No se trata de trabajarlo, se trata de ser mejor a pesar de la vivencia traumática. Esto es importantísimo, ya que, si creemos que un trauma que se da en la infancia se puede resolver y curar, como sucede en la actualidad en el caso de multitud de técnicas, inducimos a error. Como digo, lo más duro de la terapia no es trabajar el trauma, sino que el paciente sepa quién es después de ello.

PDL: Es decir, consiste en crearse a uno mismo.

MH: Claro, se trata de crear una nueva identidad.

PDL: Digamos que, para trabajar todo esto, de manera muy simplificada, hay que pulir y digerir esa memoria emocional traumática y luego, con la memoria autobiográfica, crear un personaje real o compasivo que sea responsable de sí mismo.

MH: A mí me gusta hablar de un personaje reflexivo, un personaje que no esté continuamente actuando desde la cognición o desde la impulsividad, sino que sea capaz de regularse y adaptarse, tanto a sus necesidades como a las de los demás.

PDL: Me gustaría preguntarte cómo funcionaría el método (más que el modelo) PARCUVE en un caso de trauma complejo por abandono.

MH: En muchas ocasiones, recurrimos a cartas terapéuticas. Hace poco, por ejemplo, hemos creado en la asociación unas cartas que sirven para trabajar las sensaciones. Las conocemos como cartas Shame, y las han creado unos estudiantes. Lo primero que hace el paciente es escoger las cartas que muestran cómo se siente. De esta forma, se separa a la persona de sí misma, ya que, para saber quién es, debe identificarse con sus pensamientos y emociones, ya que es eso lo que forma su identidad. Sin embargo, las personas somos más que nuestros pensamientos y emociones, a pesar de que nos identifiquemos con ellas. Como digo, mediante estas cartas obligamos al paciente a separarse de lo que siente, a ser una especie de psicólogo observador de sí mismo.

En cambio, si lo que queremos es analizar las distintas partes de su personalidad, es decir, las identidades, escogeríamos otro tipo de cartas. Si lo que el paciente tiene es un trauma, podemos utilizar las cartas COPE, de forma que nos pueda narrar con las imágenes de las cartas lo que le ocurrió. De esta manera, la persona es activa la memoria de trabajo. Con las imágenes activa el hemisferio derecho y con la narración y la construcción simbólica que le damos a la vivencia activa el izquierdo. Esto ayuda a reorganizar la experiencia y a integrarla. En ocasiones también hago EMDR, pero estamos hablando de PARCUVE.

Por otro lado, cuando queremos trabajar el trauma con la memoria cognitiva, debemos abrir una ventana emocional, ya que con una memoria emocional no podemos utilizar una ventana cognitiva. Lo primero que habrá que hacer será simbolizar o dar forma al síntoma, es decir, a esa sensación, a esa emoción. En este punto, el paciente también se separará de su propia experiencia, y comenzaremos con la psicoeducación, tratando de entender en qué momento resultó útil dicho síntoma. De esta manera, la persona entiende que esa emoción se ha creado como una forma de poder regularse en un momento determinado y que, a base de repetirse, se ha vuelto adictiva.

PDL: Me da la sensación de que, tanto en el trabajo con trauma con EMDR como en el trabajo con trauma con este modelo se trata, sobre todo, de dar un sentido a lo que el paciente vive en la actualidad, de cómo se generó en el pasado y de reunificar todas las partes de la persona. ¿Es así?

MH: No debemos ser ingenuos; muchas personas vienen a consulta con desregulaciones emocionales graves y hay que medicarlos o ponerles un *neurofeedback*, que funciona muy bien para regular el sistema nervioso. Además, esto último es algo que podemos utilizar los psicólogos, ya que no se trata de un medicamento y tiene como ventaja que no produce adicción ni efectos secundarios. A veces es necesario regular al paciente. Si la persona no está regulada, no hay terapia que funcione.

Después, deberemos conseguir que la persona confíe en el terapeuta, porque vamos a hacer un viaje por los infiernos, como Dante con Virgilio. Hemos de crear una relación terapéutica.

Una vez hayamos creado esa relación terapéutica, comenzaremos a comprender cómo la persona sobrevivió, cuáles fueron las experiencias traumáticas que tuvo y separaremos los síntomas de las experiencias. Los síntomas son mecanismos de regulación emocional fallidos, y las experiencias son lo que va a determinar que la persona esté constantemente en alerta. Si reducimos los síntomas con terapia cognitivo-conductual, la persona tendrá menos ansiedad. Sin embargo, si trabajamos la vivencia, conseguiremos que pueda vivir sin estar constantemente en alerta, es decir, sin esos niveles de ansiedad o de estrés tan elevados.

PDL: Claro, porque entiende que lo que pasó no tiene por qué volver a ocurrir de forma constante.

MH: Exacto. Hay una frase preciosa del libro de terapia Gestalt *La sabiduría del eneagrama* que dice lo siguiente: «Ojalá supiera que lo que le hizo daño no puede volver a hacérselo».

Neurobiológicamente, los mecanismos que tenemos para imaginar qué va a ocurrir en el futuro son idénticos a los que utilizamos para recordar el pasado.

PDL: Es decir, sentimos el mismo malestar, por eso surge la evitación al recordar, ¿no?

MH: No es que lo sintamos únicamente, ya que eso es fenomenológico, es que la neurobiología de la imaginación es idéntica a la de la experiencia.

PDL: Yo suelo decir que el trauma se almacena en una «memoria de acceso directo» o «memoria RAM», que provoca que nos mantengamos alerta.

MH: Claro, se trata de memorias inconscientes, y hay que diferenciarlas de las conscientes. Las inconscientes no son accesibles a la consciencia más que cuando hay un estímulo que las provoque, y eso es lo que produce tanto malestar. Por ejemplo, puede darse el caso de que una persona, a pesar de que sepa que cierto perro no le va a hacer daño, le tenga miedo.

PDL: No obstante, esa memoria que está almacenada en esa memoria inconsciente «de acceso directo», cuando hay un estímulo que la activa y que se siente y se vive de la misma manera que en el pasado, aparece de forma fragmentada, ¿no? No es accesible tan fácilmente.

MH: No, no tiene por qué estar fragmentada. Cuando hablamos de fragmentación, hablamos de disociación, pero es otro concepto. La fragmentación se da, por ejemplo, si una parte de un individuo quiere acercarse a la persona que le gusta, pero la otra no se atreve por miedo al rechazo. Dependiendo de cómo se viva el trauma, a veces el recuerdo está fragmentado y a veces no. Si dos partes de una misma persona entran en conflicto, gane la que gane, quien pierde es el individuo.

PDL: Se genera una fricción interna, por tanto. Esto recuerda un poco a cuando una persona tiene una pareja maltratadora y cuenta con una parte interna que quiere estar acompañada, pero otra parte de ella quiere huir y salvarse. Y es el miedo a la soledad el que genera esa fricción.

MH: Eso es. Una persona puede tener un nivel elevado de ansiedad y resolverlo con benzodiacepinas, con alcohol, con sexo compulsivo, desarrollando TOC…

La identidad sin duda se fracciona, pero en el caso de la memoria no siempre ocurre. Aunque, como digo, en el caso de la identidad, ya que existe una parte que intenta conseguir seguridad y otra que trata de conseguir conexión.

PDL: Algunos pacientes me suelen decir que tienen una sensación de que en el pasado pudieron haber sido abusados sexualmente. ¿Significa esto que realmente ha ocurrido algo, o puede ser una intuición falseada?

MH: No tiene por qué haber ocurrido, puede ser la explicación que se dan a sí mismos para justificar una serie de síntomas, aunque en otros casos puede ocurrir lo contrario, que digan que no les ha sucedido nada nunca, pero que todo lleve a sospechar que sí. Yo creo que si, efectivamente, ocurrió algo, al final acabará saliendo de una forma u otra. No obstante, los terapeutas trabajamos con los pacientes para ayudarles a que estén bien independientemente de lo que les ocurriera. De esta forma, no sentirán que negamos esa posibilidad de un antiguo abuso, ya que, de lo contrario, podrían retraumatizarse, pero, a la vez, tampoco creamos un trauma donde no lo había. Este último es un grandísimo error que cometen muchos terapeutas; muchas veces reciben un paciente que dice que tiene ansiedad y que no duerme bien y añade que su padre dormía con él cuando era pequeño y se le dice que su padre abusó de él. Y, sin embargo, no tiene por qué haber sido así, no se puede dar por hecho. Esto es algo que pasa a menudo.

PDL: ¿Podrías darnos algún consejo en general?

MH: Yo nunca doy consejos, de hecho, un psicólogo me dijo una vez: «Si das un consejo, da dos mensajes. Uno, que quieres mucho a la otra persona y el otro que lo haces mejor que ella». Es cierto que en ocasiones se me escapa algún consejo, pero trato de no darlos. Lo que sí quiero transmitir es el mensaje de que todos sabemos cuándo somos realmente felices y cuándo no lo somos, y la felicidad tiene que ser compartida. Así que, si alguien siente que no es feliz, que analice su interior y que trate de entender lo que está ocurriendo. Tratemos de encontrar calma y conexión. La sociedad actual va muy rápido, y veo que el trauma y los trastornos psicológicos, más allá de que ahora existan más oportunidades para hablar de esto, se han convertido en una plaga. Y creo que es porque, como sociedad, estamos fallando. Miremos más hacia dentro y miremos con más empatía a los demás.

PDL: ¿Atendéis *online*?

MH: Yo, por desgracia, ya no cojo pacientes nuevos, ya que doy cursos por medio mundo (ése era mi sueño) y he estado muy estresado, por lo que ahora estoy tratando de buscar esa paz que te he comentado. Me quiero dedicar a escribir y a reflexionar y a formar a otras personas en Sudamérica. Sin embargo, mis compañeros sí ven a pacientes, y además hay más psicólogos formados en el método PARCUVE.

PDL: ¿Hay alguna web que quieras compartir y en la que podamos encontrarte?

MH: Sí, tenemos la www.aetps.es, de la Asociación Española del Trauma Psicológico, que es una web que incluye un buscador de terapeutas.

PDL: Para quien esté interesado, puede buscar la bibliografía de Manuel Hernández Pacheco. Es muy interesante.

MH: Gracias. Para mí es más importante entender que intervenir, y eso se refleja en mis libros.

La conexión personal en terapia, ¿es importante?

Se ha demostrado, según diversos estudios, que una de las partes de la terapia que más peso tiene en el buen desempeño del proceso terapéutico es la relación terapéutica. Esto no quiere decir que sin metodología todo terapeuta afable vaya a tener éxito en los tratamientos, pero sí que si el paciente se siente conectado al terapeuta y se siente cómodo y seguro, tendrá más facilidad para la mejora.

En ocasiones, algunas personas no han tenido en su vida ningún vínculo que les haya aportado seguridad, comprensión y aceptación. Esta falta de referentes puede dar pie a que el terapeuta se convierta en un modelo de cómo las relaciones pueden ser seguras y fiables, y hacer que el paciente se atreva a replicar esos niveles de intimidad con la convicción de que puede ser escuchado y querido a pesar de la mochila que lleve.

Es importante, entonces, que los pacientes sean claros consigo mismos y si sienten que no están a gusto o no hay conexión con su terapeuta, busquen otro/a profesional que sí les genere las sensaciones que mencionamos.

Capítulo 6

Aprendiendo a habitarnos. Entrevista con Pepa Horno, escritora y psicóloga

Pepa Horno Goicoechea es psicóloga y consultora en infancia, afectividad y protección en Espirales CI (www.espiralesci.es).

Durante más de veinticinco años ha coordinado campañas estatales e internacionales para la prevención y erradicación de la violencia contra los niños y niñas, especialmente el castigo físico y psicológico en el hogar y el abuso y explotación sexual infantil. Ha impartido formación y supervisión técnica a profesionales en más de treinta y cinco países de Latinoamérica, sur y sudeste asiáticos, Europa y el Magreb.

Es autora de varios libros sobre desarrollo afectivo y social y coordinadora de varios estudios e investigaciones en el ámbito de la protección. Entre otros, destacamos:

Educando el afecto (Ed. Graó, 2003), *Amor y violencia: la dimensión afectiva del maltrato* (Ed. Desclée, 2006), *Un mapa del mundo afectivo: el viaje de la violencia al buen trato*

(Ed. Boira, 2013), *Educando la alegría* (Ed. Desclée, 2017) o *La mirada consciente en los centros de protección. Cómo transformar la intervención con niños, niñas y adolescentes* (Ed. CCS, 2017), *Metáforas para la consciencia* (Ed. Desclée, 2020), *Aprendiendo a habitarnos. Un modelo psicoterapéutico para personas con historias de trauma* (Ed. Desclée, 2024).

Cree en el valor de lo que hace, en la posibilidad de cambio desde la consciencia y en dar voz al dolor de los niños, niñas y adolescentes.

Para saber más sobre ella, visitar su web:

www.pepahorno.es

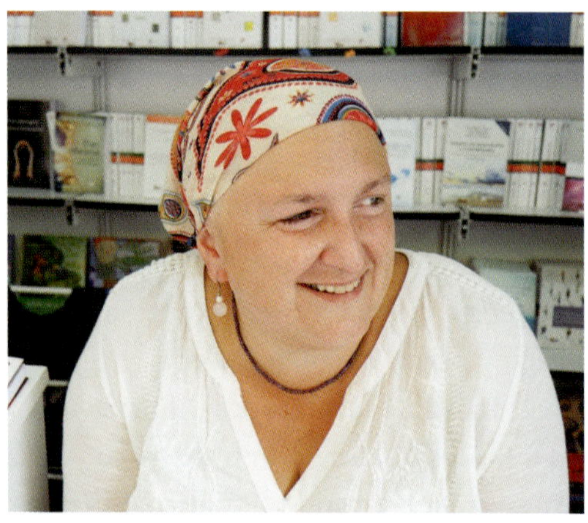

Introducción al episodio:

Las metáforas siempre nos han acompañado, desde los cuentos hasta los ejemplos de lo complejo explicado de forma más sencilla, han estado en nuestra vida. Muchos aspectos relacionados con el trauma son difíciles de transmitir con palabras y definiciones normales, por lo que las metáforas pueden ayudarnos no sólo a entender mejor lo que se quiere transmitir, sino también a sentir lo que nos cuentan.

En este capítulo Pepa Horno nos explica cosas muy importantes a través de la metáfora del edificio que cada uno es y habita. Sin posibilidad de mudarnos, Pepa nos ayuda a entender a través de esta metáfora, que es posible mejorar una vida que parte de una base de dolor, que está en nuestra mano embellecer aquello que parece que ya está corrompido a simple vista, pero que al analizar un poco en profundidad, todavía mantiene unos cimientos fuertes.

Episodio entrevista:

PABLO DE LORENZO: En este capítulo volvemos a explorar el trauma de la mano de la psicóloga y escritora Pepa Horno. Vamos a desgranar lo que nos enseña en su obra *Aprendiendo a habitarnos*, una obra muy comprensiva sobre la psicología del trauma.

Pepa Horno trabaja con un modelo de intervención psicoterapéutica para personas con historia de trauma. Hola, Pepa, muy buenas, ¿qué tal estás?

PEPA HORNO: Hola, buenas, encantada de estar aquí contigo.

PDL: Muchas gracias. La primera pregunta que siempre suelo realizar es: ¿quién es Pepa Horno y cuál es su trayectoria?

PH: Soy psicóloga y trabajo con el estrés postraumático desde hace muchos años, ya que me especialicé en el tema de maltrato infantil y, a partir de ahí, tanto en la parte de consulta como en la parte de formación y de supervisión de equipos he trabajado en el ámbito de protección. Además, muchas veces recibo en la consulta a personas que me han conocido a través de los cursos.

Sin embargo, creo que a lo largo de mi trayectoria ha habido siempre un elemento principal, y es que siempre he intentado unir la parte del desarrollo afectivo con la parte del trauma. Se podría decir que han sido para mí unos pilares fundamentales, y decidí también plasmarlos en el libro.

Hay gente que me conoce más por mi trabajo con familias y profesionales sobre la creación de vínculos, la promoción de la educación afectivo-sexual…, es decir, todo lo relativo a la prevención. No obstante, hay gente que me conoce más bien por el trabajo que realizo en intervención especializada.

PDL: En las primeras partes de tu libro hablas de la importancia de la afectividad consciente. ¿Por qué se le da tanto peso como herramienta terapéutica para hacer frente al trauma?

PH: Para empezar, la afectividad consciente es una competencia profesional. Es importante diferenciar la afectividad de la afectividad consciente.

La afectividad podemos sentirla o no, es un proceso casi automático de selección que provoca que unas personas nos caigan bien y otras nos caigan mal. A partir de ahí vamos generando relaciones y creando un mundo relacional.

Sin embargo, la afectividad consciente es la garantía del entorno protector, y el proceso psicoterapéutico se basa en generar un entorno protector en el que las personas puedan hacer conscientes su dolor y el daño que se les ha generado. Si el paciente no se siente a salvo, será imposible realizar ese proceso de consciencia y sanación. Por tanto, una de las responsabilidades del psicoterapeuta siempre será generar un entorno protector, y esto resulta imposible si no se crea un entorno afectivo. No se trata de que el paciente le caiga bien al psicoterapeuta, sino que la obligación de éste es lograr que dicha persona, independientemente de cómo sea y de cuál sea su historia, se sienta a salvo. Para eso, es necesario que el psicoterapeuta la trate con afecto. Esto se podría extrapolar a cualquier contexto en el que haya un profesional que deba cumplir con el papel de cuidador.

Éste es un asunto que suelo trabajar mucho con los equipos de los centros de protección y de los centros educativos. Cualquier persona o profesional que cuide de otra persona deberá trabajar desde la afectividad consciente, y, además, tendrá que entender lo importante que resulta contar con un bagaje técnico de modelos terapéuticos o de estadística, incluso.

Se trata de un tema muy interesante, porque a muchos terapeutas nos han formado mediante el «maravilloso» concepto de la distancia profesional. Se nos ha dicho que debemos ser objetivos, racionales, incluso fríos, cuando, en realidad, la base del entorno seguro es la calidez. Es imposible generar un entorno seguro sin afecto y, para ello, es necesario realizar un trabajo personal muy intenso, ya que debemos ser capaces de ser afectivos, independientemente de lo que nos genere el paciente.

PDL: Aunque al terapeuta le provoque una contratransferencia en la tripa, aunque no se sienta cómodo.

PH: Exactamente. Yo siempre digo que cuando se trabaja en equipos de centros de protección, el trabajador se gana el sueldo con el niño que le desespera, con el que le hace perder los papeles. Es muy fácil tratar bien a quien nos cae bien; lo difícil es lo contrario.

PDL: Es casi como una amistad.

PH: Claro, y en la consulta sucede lo mismo, es decir, ser afectivo con las personas que generan una contratransferencia complicada y compleja es difícil, pero ahí está el valor del trabajo. Hay que entender que es una condición innegable.

Sin embargo, en mi libro comento ciertas cosas acerca de mi práctica profesional que sé que puede generar que haya gente que no esté de acuerdo, como es el hecho de que yo abrace a las personas cuando llegan a la consulta y cuando se van. O el hecho de que les facilite mi número de móvil para que puedan escribirme cuando lo necesiten, porque la afectividad consciente exige también la presencia del psicoterapeuta a lo largo del proceso psicoterapéutico, y esto implica que haya un cierto nivel de compromiso por su parte. Hay que tener en cuenta muchas cosas: desde el número de pacientes a los que el terapeuta puede atender hasta cómo se coloca dentro de la sesión o el cuidado del comienzo y del final.

PDL: La siguiente pregunta que te quiero hacer es en referencia a las personas traumatizadas. Uno de los principales síntomas que suelen tener es un autodesprecio muy marcado, y lo sienten hacia su propia historia, que generalmente suele ser de supervivencia y «heroica», ya que han sobrevivido a sucesos muy duros. ¿Cómo puede entenderse esto?

PH: En mi opinión, en el proceso terapéutico de personas con historias de trauma hay dos elementos nucleares.

Uno es la culpa que todas las personas que han vivido experiencias traumáticas sienten y que hay que entender de una manera muy diferente a la que se nos ha explicado. La culpa es una estrategia de supervivencia, y las personas que se ven en una situación de trauma se sienten indefensas y completamente impotentes. Por tanto, generar un *locus* de control interno les permite tener la sensación de que cuentan con una salida, es decir, de que pueden controlar y parar lo que está sucediendo. Todo se plasma en diferentes conceptos técnicos, como el síndrome de acomodación en un abuso, como el síndrome de Estocolmo en el caso de los secuestros… La persona puede llegar a creer cosas como las siguientes: «si me porto bien, esto parará», ««si me quedo quieto o quieta, quien me hace daño se irá», «si dejo de hacer tal cosa, esto dejará de pasar»…

No obstante, llega un momento en el que se dan cuenta de que, hagan lo que hagan y digan lo que digan, la situación no depende de ellos, ya que es responsabilidad única de la persona que les está agrediendo (por ejemplo, en el caso de la violencia), y esto les deja completamente indefensos. Como ya hemos mencionado, se trata de una estrategia de supervivencia; todas las personas con historias de trauma han utilizado la culpa para sobrevivir, y explicárselo les produce un alivio que se refleja incluso en su postura corporal.

El segundo elemento es que la experiencia traumática depende mucho de la edad en la que se ha vivido. El autodesprecio suelo verlo sobre todo en personas que vivieron experiencias traumáticas en sus siete u ocho primeros años de vida, que es cuando el edificio que utilizo en mi libro a modo de metáfora se está construyendo. En esos casos, la vivencia de indefensión y de falta de valía se queda anclada de forma estructural.

En los casos en los que la experiencia traumática ha llegado una vez pasados esos primeros años, la estructura ya está construida, por lo que no vemos ese autodesprecio, aunque sí la culpa. Se trata sobre todo de una rabia que va dirigida hacia la propia persona.

Es importante distinguir esto, ya que no es lo mismo cuando alguien se está agrediendo porque está enfadado y cuando alguien se está agrediendo porque ha integrado en su «edificio» ese relato de falta de valía. Según el caso, los objetivos terapéuticos deberían variar.

PDL: Respecto a tu libro, *Aprendiendo a habitarnos*, ¿cómo podríamos entender la metáfora del edificio en la que se basa?

PH: En el libro utilizo varias metáforas, porque veo que a la gente le ayudan. En mi opinión, la eficacia de nuestro trabajo como psicoterapeutas no depende tanto de lo que hacemos, sino de la forma en la que lo hacemos. En mi caso particular, el lenguaje técnico me convierte en una terapeuta poco eficaz y, si no soy capaz de convertir esos conceptos técnicos en imágenes que las personas puedan reconocer en su propia vida, no funcionaré bien como terapeuta.

La metáfora del edificio es una de las que suelo explicar el primer día, en la sesión de encuadre del proceso psicoterapéutico. Según esta metáfora, el ser humano dispone de una especie de edificio interno; hay quien tiene una cabaña de pescadores, hay quien tiene un piso en la ciudad, hay quien tiene una cabaña en el bosque… No hay edificios buenos o malos, cada edificio es valioso y es válido de por sí. Dicho edificio se gesta como resultado de lo que recibimos genéticamente y de lo que vivimos en los primeros siete u ocho años de nuestra vida. Puede estar más sano, más preservado o más dañado, pero, como digo, no es que haya un edificio bueno o malo.

Una de las claves de esta metáfora consiste en que hacer terapia no conlleva cambiar de edificio. La terapia tiene que ver más bien con aceptar y conocer nuestro edificio interior, para que podamos aprender a vivir en él. Para ello, hacemos obras y arreglamos una escalera que se caía a pedazos, por ejemplo, o ponemos una ventana en una habitación oscura, abrimos una puerta donde no la había… Y, de repente, entra la luz y, tras esto, los pacientes cambian su vida, de manera que a veces parece, no ya que hayan cambiado de edificio, sino hasta de ciudad. Y, sin embargo, lo «único» que han hecho es aprender a vivir en su edificio y convertirlo en algo bonito, valioso y confortable.

Creo que explicar esto desde un principio es muy importante, ya que suelo decirles que, cuando les dé el alta, se llevarán una especie de listado de puntos flacos, que serán los mismos que tienen en la actualidad. La diferencia será que los conocerán y, al conocerlos, aprenderán a manejarlos y la mayoría de ellos dejarán de ser un problema. Cada uno de nosotros tiene unos puntos flacos distintos. El ejemplo más claro son los modelos vinculares; son uno de los elementos del edificio que nos proporcionan nuestras figuras de apego.

Estos modelos condicionarán (aunque no determinarán) todas las relaciones que iremos estableciendo a lo largo de nuestra vida. Pero, ¿cómo podemos cambiar el tipo de relaciones que solemos establecer, de manera que no repitamos el mismo patrón una y otra vez? Haciendo un proceso de consciencia sobre nuestro modelo vincular; de esta forma, aprenderemos a manejarlo y aprenderemos qué cosas debemos hacer y cuáles no, con qué cosas tenemos que tener cuidado...

Una parte del proceso psicoterapéutico consiste en integrar la rabia que sentimos a causa del edificio que nos ha tocado habitar y en legitimarla. Debemos aceptar lo que nos ha tocado y tratar de transformarlo, porque tendremos que lidiar siempre con ello. Esto, en mi opinión, es importantísimo, porque está relacionado con los objetivos del proceso psicoterapéutico, con las expectativas del paciente cuando llega a consulta y con el ya mencionado proceso de habitarse.

PDL: Es una metáfora muy interesante. Además, creo que dentro de esa conformación del edificio surge la pregunta de por qué en nuestra infancia nos creemos lo que nos dicen nuestros maltratadores (en caso de tenerlos). ¿Por qué de pequeños no podemos decir que algo no es así, sino que nos lo creemos a pies juntillas y lo integramos?

PH: Porque cuando somos pequeños no tenemos al principio ni siquiera consciencia.

Los seres humanos tenemos un procesamiento racional, un procesamiento emocional y un procesamiento corporal. Suelo resumirlo como cabeza, corazón y tripa. El desarrollo empieza por la tripa, sube al corazón y termina en la cabeza. Por tanto, al principio, todo el aprendizaje es corporal, y la crianza debe basarse en la vivencia corporal; todo lo que los niños viven, lo recuerden o no cognitivamente, queda anclado en su cuerpo, y forma un concepto que hoy en día es esencial en el trabajo de trauma, que es la memoria corporal, es decir, todo lo que queda de la experiencia que han vivido. Aunque no la recuerden cognitivamente, no significa que no la lleven dentro y que no esté condicionando su manera de vivir, de comportarse, de posicionarse…

Entonces, ¿por qué nos creemos lo que nos dicen? Porque al principio no tenemos la capacidad de discernir, sólo absorbemos. Si nos dicen que nos hemos portado mal, que somos culpables, etc., nos lo creemos. Es decir, absorbemos la vivencia y las figuras parentales van realizando el proceso de mentalizar la experiencia corporal y emocional del niño, adjudicándole un significado y valor. Sin embargo, el niño no tiene capacidad para filtrarlo. En la etapa del oposicionismo, de los dos a los cuatro años, que es cuando comienza la teoría de la mente a nivel emocional, los niños sí son capaces de discernir emociones, pero no desde la consciencia, sino sólo a nivel emocional, por eso se enfadan tan fácilmente. Hay un momento, a los siete u ocho años, en el que ya comienzan a filtrar los sentimientos y a tener la capacidad de discernir lo que sienten y lo que piensan de lo que les cuentan sus figuras de apego.

PDL: Con respecto a las posiciones del terapeuta, entiendo que puede haber malos posicionamientos, o que el terapeuta no esté del todo estable o equilibrado para trabajar con pacientes traumatizados. En el libro hablas del posicionamiento de los terapeutas como salvadores, pero habrá más tipos de posicionamientos, seguramente. ¿Qué tipo de problemas pueden surgir?

PH: Yo creo que hay dos problemas principales.

Por un lado, hay que destacar que la identidad de las personas con historia de trauma no depende únicamente de su historia, de lo que les ha pasado; son mucho más que meras personas traumatizadas. Sin embargo, muestran un nivel de dolor y de daño que el psicoterapeuta tiene que poder sostener. Por tanto, ésta es la primera dificultad que nos encontramos como psicoterapeutas. Debemos permanecer suficientemente conectados con el dolor del paciente como para poder sostenerlo, sin disociarnos y sin que, a su vez, nos invadan las emociones del paciente y nos sobreimpliquemos.

El otro problema con el que nos encontramos es la vena salvadora. El triángulo de Karpman incluye la parte salvadora, la parte perpetradora y la parte víctima, que todos necesitamos para estar sanos y tener estos tres vértices. La parte salvadora es necesaria para que podamos cuidar de otras personas, la parte perpetradora nos sirve para protegernos y poner límites y la parte víctima consiste en que seamos capaces de pedir ayuda y de reconocer nuestra propia vulnerabilidad. No obstante, fruto de nuestra educación, muchos de nosotros nos hemos colocado en un solo vértice. Éste es el motivo de que muchos psicoterapeutas que trabajan en el ámbito social o clínico se erijan como salvadores. En estos casos, es necesario llevar a cabo un trabajo personal muy importante, ya que, al adoptar el papel de salvador, el psicoterapeuta anula automáticamente su parte perpetradora.

Éste es el motivo de que haya muchos profesionales con problemas para manejar la distancia profesional, sobreimplicándose.

Por otro lado, cuando el terapeuta se coloca como salvador, el paciente asume el papel de víctima, y debemos tener muy en cuenta que los pacientes deben salvarse a sí mismos. Para ello, debemos proporcionarles un entorno protector y un vínculo terapéutico; ése es el trabajo de los psicoterapeutas. Sin embargo, no somos nosotros quienes sanamos a los pacientes.

PDL: Continuando con el tema de la acción del terapeuta, ¿qué errores crees que debe evitar con los pacientes traumatizados, más allá de estos posicionamientos? Es decir, errores generales.

PH: En mi opinión, el más habitual es negar la rabia. Hay muchos psicoterapeutas que trabajan con personas con historias de trauma y les dicen que deben estar tranquilos, que deben superar lo que les ocurrió, que tienen que pasar página… La rabia es un mecanismo esencial de protección; la protección no se basa en el miedo, ya que el miedo paraliza, lo que nos protege es la rabia. Las personas, para poder sanar, tienen que conectar con esa rabia, deben sentir enfado por lo que les sucedió. Ese enfado hay que acogerlo y legitimarlo en el contexto terapéutico. Tenemos que darle a la rabia el valor de sanación que tiene.

El segundo error que pueden cometer los psicoterapeutas es el de irse con el dolor del paciente, es decir, sentir lástima por lo que le ha pasado y ha sufrido. El individuo es más que lo que le ha ocurrido, esto sólo es una parte de él.

Considero que una pauta esencial es honrar el dolor del paciente, esto es, darle al dolor el valor que tiene. En ocasiones, poner cara de horror, por ejemplo, es necesario. Un ejemplo de esto sería cuando un paciente que está completamente disociado nos está contando un suceso durísimo como si nos hablara del tiempo; en un caso así, el hecho de que el psicoterapeuta exprese el horror que genera dicho suceso con su rostro o mediante palabras permite darle el valor que realmente tiene el suceso, dando lugar al dolor.

Un tercer error, en mi opinión, sería el relativo a la presencia. Cuando se trabaja con personas con historias de trauma hay que estar presente, ofreciéndoles la posibilidad de contactar durante todo el proceso, ya que, aunque muchos pacientes no contactan fuera de las sesiones con el psicoterapeuta, hay otros muchos que lo necesitan. La simple posibilidad de poder contactar con su terapeuta en cualquier momento proporciona seguridad, y es la seguridad lo que el paciente debe recuperar ante todo.

Para terminar, diría que hay que tener cuidado con la confrontación. En los últimos años ha llegado a mi consulta una gran cantidad de personas que anteriormente han estado acudiendo a sesiones de terapia con terapeutas confrontativos, es decir, que les dicen lo que tienen que hacer o lo que les pasa de una manera confrontativa y demasiado directa. La confrontación con personas con historias de trauma no es buena. En mi libro hablo de la «confrontación compasiva», aunque, en mi caso, no la utilizo con personas con historia de trauma, porque mi objetivo es que se sientan a salvo, y lo más difícil para una persona con historia de trauma es recuperar la seguridad.

PDL: Se podría decir que son entornos castigadores, quizá. En mi opinión, la cercanía y la calidez son esenciales. Es posible que estos casos se den debido al agotamiento de la propia paciencia del terapeuta, que, al verse trastocada por las propias dinámicas del trabajo con trauma, que es lento e insidioso, puede mermar… pero no por ello deja de ser un proceso completamente necesario.

PH: Es más, hay muchos profesionales que tratan de acelerar el proceso antes de la confrontación, y esto es un error, porque si no el paciente «se rompe», o bien puede llegar a utilizar la disociación de nuevo como una muralla de supervivencia, y entonces ya no se le podrá recuperar.

PDL: Eso es, podría decirse que, si el paciente no tiene seguridad y el propio terapeuta se está sintiendo «decepcionado» por el paciente, éste reexperimentará la decepción y la sensación de no ser suficiente. Como consecuencia, la terapia ya no servirá y, si el paciente está en modo evitativo, dejará de acudir a la consulta.

PH: Así es, por eso creo que nos estamos equivocando en la manera de actuar.

Creo que es muy importante volver a recalcar que, cuando se trabaja con personas con historia de trauma, la calidez y la ternura son herramientas profesionales. Que un psicoterapeuta sea cálido con un paciente no significa que esa persona no vaya a realizar el proceso que conlleva la sanación, sino que lo hará a un ritmo que le permita sostenerlo, y el terapeuta se encargará de acompañarlo.

PDL: En el libro hablas del concepto de «resignificación de la sintomatología». ¿Podrías explicarlo?

PH: Este concepto está relacionado con lo que se ha comentado anteriormente acerca de expresar el horror. En ocasiones, cuando un paciente describe su sintomatología, es posible que lo haga estando disociado (con lo cual la cuenta sin darle valor y sin carga emocional; aquí es donde el terapeuta deberá ocuparse de darle esa carga emocional), o bien de manera muy intensa. Por ejemplo, convierten en sintomatología y en problema cosas que no lo son, sino que son pautas de supervivencia positivas, incluso. Cambiar el significado de la culpa de un elemento dañino a un elemento de supervivencia supone cambiar el significado de una sintomatología. Esa resignificación provoca que la sintomatología, en mi experiencia, disminuya de manera notoria, y ésa es una de las primeras partes del proceso psicoterapéutico.

PDL: Entonces entiendo que resignificar la sintomatología presente también implica resignificar la sintomatología pasada y, por lo tanto, puede implicar que reescribamos nuestra historia en lo que respecta al maltrato. Es decir, ayuda a entender por qué, por ejemplo, los niños no pueden huir de sus maltratadores; no es por cobardía, es porque no pueden hacer otra cosa.

PH: Claro, y qué bonito es cuando las personas pueden entender esto y que, por ejemplo, algo que les sucede en la actualidad tiene que ver con su pasado. El simple hecho de comprenderlo le quita la carga de sintomatología. Para mí es una de las partes más bonitas del proceso psicoterapéutico, porque es como liberar a las personas, en la medida en que pueden comprenderlo, de una carga emocional muy fuerte.

PDL: Yo lo suelo explicar diciendo que la persona ha interiorizado una historia falsa sobre sí misma y, tras este proceso, descubre su verdadera historia revisitada desde una perspectiva empática y cariñosa, y no desde esa culpa de supervivencia cruel que la lleva al crítico interno. De hecho, entender la razón de ser del crítico interno lo desactiva directamente.

Cambiemos un poco de tema: ¿qué consideras que genera más problemas a nivel afectivo: una infancia con amor, pero sin protección o una infancia con protección, pero sin amor?

PH: Ésta es «la» pregunta. La diferencia entre el amor y el cuidado es una de las diferencias clave en nuestro trabajo como psicoterapeutas. Cuando trabajamos en el sistema de protección, podemos observar que éste está lleno de niños que están ahí no porque no los hayan querido, sino porque no les han podido cuidar.

Los seres humanos somos una especie mamífera, y eso se nos olvida demasiado a menudo. Como mamíferos no somos muy útiles, precisamente, ya que necesitamos casi dos años de cuidados para tener la más mínima oportunidad de sobrevivir. Los vínculos no son una cuestión de amor, son una cuestión de seguridad. Lo que el bebé busca es sentirse a salvo. Si una persona tiene una mala familia, pero la alternativa es ser sólo un «número» en un centro lleno de niños, preferirá quedarse con esa familia, sea como sea. Si alguien está en una relación de maltrato, pero se le ha convencido de que no tiene ninguna otra opción y que si rompe esa relación se va a quedar solo, preferirá mantener la relación. De hecho, lo peor que le puede pasar a un niño en el colegio es estar solo. Así que, ¿qué es más dañino? Sin lugar a dudas, una crianza sin protección. El buen amor es aquel que une el amor y el cuidado.

PDL: Claro, el amor protege también.

PH: Exacto. Creo que es muy importante distinguir entre querer bien y querer mal, porque ambas cosas consisten en querer. Sólo hay una categoría de vínculo positivo para el desarrollo, es decir, el vínculo seguro. Los otros tres (el evitativo, el ambivalente y el desorganizado) son vínculos destructivos para el desarrollo, y son igual de fuertes que el seguro. Creer que el amor sólo es amor cuando es bueno supone no entender en absoluto la condición humana. Entonces, si esto es así, ¿qué diferencia al vínculo seguro de los demás? Que une el amor y el cuidado. En los demás, lo que falla es la protección. En la evitación porque las figuras parentales no están presentes y dejan a los niños excesivamente solos, en la ambivalencia porque los inundan de amor, impidiéndoles ser autónomos, y en la desorganización porque el caos absoluto provoca que no puedan garantizar a sus hijos una mínima supervivencia. Por tanto, en mi opinión, éste es uno de los fallos principales que está habiendo en cuanto al trabajo de prevención en temas de violencia, ya que se plantea el amor como si siempre fuera bueno. Es posible que un individuo tenga que protegerse de la gente a la que quiere. Tener conocimiento de esto es indispensable también para generar esa narrativa compasiva que permite preservar los vínculos afectivos, sin poner a la gente en la tesitura de tener que elegir. Lo más dañino para el desarrollo es crecer con terror. De hecho, en los centros, cuando empiezo a trabajar con un equipo, les suelo decir que les pagan para que los niños duerman, ya que, para ellos, que llegan al sistema de protección habiendo vivido historias terribles, dormir es casi imposible. Se despiertan muchas veces cada noche, tienen pesadillas en las que gritan, piden agua varias veces…

PDL: Me surge una duda: en un apego dependiente, por ejemplo, ¿el terror puede consistir en el hecho de que el individuo no se sienta valioso y, por tanto, tenga terror de que sus progenitores, que, a sus ojos, tanto le quieren, le castiguen por haber suspendido un examen?

PH: Yo diría que es incluso más radical. Todos tenemos nuestro lado de neurosis, por supuesto; una cosa es que un niño suspenda un examen y vayas a casa pensando en la que le va a caer y otra cosa muy diferente es que tiemble de puro miedo.

PDL: Claro, a eso me refiero, a que el valor como hijo esté tan ligado a la validez de los estudios…

PH: Exactamente. En todos los vínculos inseguros hay un grado de miedo más o menos considerable. En el desorganizado hay terror, directamente, porque la falta de regularidad externa produce una falta de integración interna. En los vínculos ambivalentes y en los vínculos evitativos lo que hay es miedo: a la pérdida, a decepcionar… La diferencia es la protección.

PDL: ¿Y existen mitos acerca del trauma y de cómo se trata? ¿Podrías poner algún ejemplo?

PH: Sí, si tuviera que elegir, serían dos principalmente.

El primero sería que el trauma no se cura. Que las personas no olvidemos nuestras experiencias pasadas no significa que no podamos sanarlas. Es imposible olvidar los traumas, los recordamos corporalmente, emocionalmente y, en algunos casos, también cognitivamente. Integrándolo como parte de nuestro edificio y aprendiendo a vivir con él sin que condicione el resto de nuestra vida.

El segundo sería el mito sobre el papel que tiene el recordar lo que ocurrió. El trabajo corporal es muy importante; una persona que ha vivido una experiencia de trauma se reconoce por su sintomatología, aunque halla veces que no recuerde lo que le ha pasado. Y, sin embargo, no es necesario que lo recuerde.

En los casos de abuso, por ejemplo, lo importante no es si la víctima fue penetrada o no, la cuestión es que fue abusada. El abuso es un concepto muy amplio, pero siempre producirá una sintomatología determinada. Esto choca con el procedimiento judicial, por supuesto.

PDL: Se suele decir que la reacción de sobresalto sucede si hay trauma; ¿no puede suceder en caso de que no lo haya? ¿Es un hecho general?

PH: Es general. Igual que la encopresis (incontinencia fecal) o la enuresis (incontinencia urinaria), por poner otros ejemplos. Un niño puede tener incontinencia urinaria simplemente por ansiedad, pero para el caso de la encopresis es necesario tener un nivel de desconexión corporal que sólo puede producir el trauma. Es cierto que si, por ejemplo, una persona está tranquila y relajada y de repente alguien da un portazo fuerte se va a asustar, es normal, pero no nos referimos a eso. Nos referimos a las personas que, por ejemplo, cuando llegan a una cafetería se sientan siempre en el sillón o la silla que tiene el respaldo contra la pared, porque no pueden soportar estar en un lugar desde el que no pueden controlar que alguien les venga por la espalda, o bien personas para las que, cuando una puerta simplemente se cierra o se abre, se sobresaltan.

PDL: Para terminar, ¿por qué dirías que volver a recordar o reexperimentar un trauma nos duele, cuando es algo que ya pasó?

PH: Porque hay una memoria corporal y, si ésta no se sana, el trauma tampoco se sanará. Aunque hace años no se sabía, hoy se sabe que es necesario introducir las metodologías de trabajo corporal dentro del proceso psicoterapéutico. No se puede decir que una persona ha integrado una experiencia traumática si no ha liberado a la memoria corporal de dicha experiencia.

Reexperimentar duele, claro que sí. Puede provocar llanto, vómito, gritos… Y todo esto es algo que hay que sostener en la consulta. Después, por supuesto, hay un procesamiento emocional. Por tanto, duele tanto a nivel corporal como a nivel emocional. No obstante, si no se pasa por este proceso, la experiencia queda anclada a unos niveles que son difíciles de abordar con la palabra. Por eso, en la actualidad, se dice que hay que combinar las técnicas de «arriba abajo» con las de «abajo arriba». Las primeras engloban el trabajo que se realiza a través de la palabra, de lo cognitivo. El trabajo de «abajo arriba», sin embargo, comprende las técnicas corporales que permiten a la gente hacer consciencia.

Por ejemplo, hay un ejercicio corporal muy sencillo, el del balancín, en el que participan tres personas, y la persona que está en medio tiene que dejarse caer, contando con que la persona que tiene delante y la de detrás le van a sostener. Pues bien, para que una persona se llegue a dejar caer confiando en que otra le coja debe contar con un nivel de seguridad y de tranquilidad del que las personas con historias de trauma no disponen. Estas últimas están acostumbradas a controlarlo todo. Con este ejercicio, por ejemplo, se hacen conscientes de su miedo.

Si integramos el trabajo corporal, el proceso terapéutico se desarrollará mucho más deprisa.

¿Un mundo sin trauma?

Lamentablemente, el trauma y sus síntomas son algo conectado al ser humano de una forma muy arraigada y antigua. El trauma representa un mal funcionamiento de la memoria y mecanismos de alerta. Por lo que para no vivir traumas, no deberíamos tener ni memoria ni mecanismos de alerta, cosa que es algo impensable.

Más bien podemos reparar los traumas que ya se hallen en nosotros y ayudar a las personas de nuestro alrededor a que vivan de una forma más cálida nuestra cercanía. Y protegernos de forma coherente cuando nuestro organismo lo necesite, ya que el estrés postraumático desregula el funcionamiento de los mecanismos de alarma. Si conseguimos entender lo que nos ha pasado en la vida, de dónde vienen los dolores emocionales con una mirada compasiva y desculpabilizadora, habremos avanzado muchísimo.

Si podemos entender nuestra historia de forma honesta, sin atormentarnos ni asumir culpas irreales, podremos tratarnos con el cariño y brindarnos el apoyo que muchas personas anhelan recibir de terceras personas. Estos actos de lucidez y entendimiento harán de cortafuegos respecto a cadenas de daño, sobre todo, en el trauma que se pasa de generación en generación. Es decir, no hace falta que dañemos si nos han hecho daño. Es un paso hacia el fin del trauma generacional, que no es poco.

Epílogo

Quiero mostrar mis agradecimientos a todas las personas, profesionales o no de la salud mental, personas que prestaron desinteresadamente su sabiduría para hacer de la divulgación algo más accesible a todos los oyentes de «La mente y sus cicatrices». Este libro es sólo un pequeño fragmento de la sabiduría contenida en los 70 episodios de la primera temporada. Gracias a todas las personas que habéis participado. Sin vosotros no habría sido posible.

En este libro hemos buceado por el trauma, aprendido sobre guerra con Andoni Román, visitado el mundo de los primeros auxilios psicológicos con Begoña Dean. Hemos podido entender mejor las drogas y las adicciones gracias al doctor Carlos Caso. El trauma ha tomado forma y explicación con Manuel Hernández y su modelo PARCUVE, llegando con metáforas a donde las explicaciones no llegan, gracias a Pepa Horno.

El programa sigue disponible con muchos más «episodios en Ivoox y Spotify», cada episodio con su cosita, cada episodio con algo que aprender y saciar la sana curiosidad. Y a todas las personas que habéis leído este libro, también gracias.

Contenido

En este fascinante y trascendental libro, la escritora científica del Newsweek Sharon Begley explica cómo la ciencia de vanguardia y la antigua sabiduría del budismo se han unido para revelar que, al contrario de lo que la creencia popular afirma, tenemos el poder para cambiar literalmente nuestros cerebros para cambiar nuestras mentes. El cerebro se puede adaptar, sanar, renovarse después de un trauma, compensar incapacidades, reconectarse para superar la dislexia y romper ciclos de depresión y de trastornos obsesivos compulsivos.

Con su don para hacer que la ciencia sea accesible, comprensible y convincente, Sharon Begley ilumina un profundo cambio en nuestro conocimiento sobre cómo cerebro y mente interactúan, y nos guía a la vanguardia de una revolución sobre qué significa ser humano.

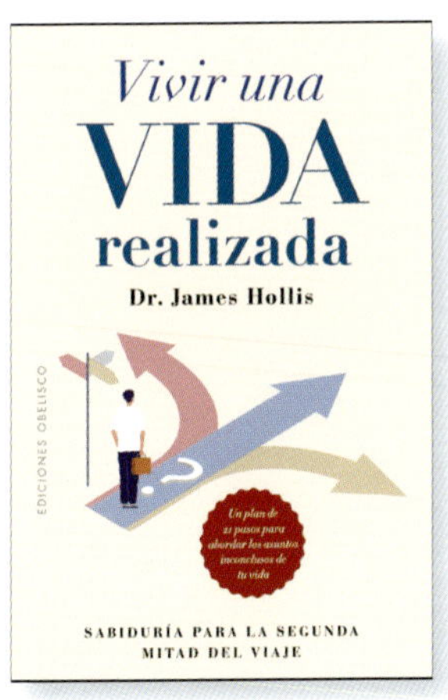

Cómo defines «madurar»? ¿Significa que alcanzas ciertos hitos culturales o sociales: unos ingresos constantes, pagar impuestos, casarte y tener hijos? ¿O significa dejar atrás las expectativas de otros y convertirte en la persona que se supone que tenías que ser?

Si te encuentras inmerso en una trayectoria profesional, un lugar, una relación o una crisis que no previste o que parece no concordar con tus convicciones sobre quién eres, eso significa que tu alma te está llamando para que reexamines tu camino.

Con *Vivir una vida examinada*, James Hollis ofrece una guía esencial para cualquiera que se encuentre en una encrucijada en la vida. Con su elocuencia y percepción característicos, el doctor Hollis ofrece un potente recurso al que regresarás una y otra vez para llenarte de energía e inspirarte en tu viaje para generar una vida de autoridad, integridad y realización personales.